根据教育部《大中小学劳动教育指导纲要（试行）》编写

U0685095

# 新时代
# 大学生劳动教育

XINSHIDAI DAXUESHENG LAODONG JIAOYU

主　编　卢胜利　刘　瑜　杨孝峰

高等教育出版社·北京

## 内容提要

本书根据教育部《大中小学劳动教育指导纲要(试行)》编写。

本书共七章,内容包括劳动与劳动教育、新中国劳动教育的发展历程、新时代大学生的劳动素养、新时代大学生的劳动实践、大学生劳动安全风险防范与管理、大学生劳动与就业权益保障、弘扬新时代劳模精神、工匠精神与科学家精神等内容,重点论述劳动教育的内容和意义,阐明新时代大学生应具备的劳动素养、劳动技能与精神内涵。

本书可作为劳动教育相关课程的教材,也可供有兴趣的社会读者参考阅读。

### 图书在版编目(CIP)数据

新时代大学生劳动教育 / 卢胜利,刘瑜,杨孝峰主编. —北京:高等教育出版社,2022.1(2023.12重印)
ISBN 978 - 7 - 04 - 057527 - 9

Ⅰ. ①新… Ⅱ. ①卢… ②刘… ③杨… Ⅲ. ①大学生
－劳动教育－高等学校－教材　Ⅳ. ①G40 - 015

中国版本图书馆 CIP 数据核字(2021)第 276550 号

策划编辑　张晶晶　责任编辑　王 璐　张晶晶　封面设计　张文豪　责任印制　高忠富

| | | | |
|---|---|---|---|
| 出版发行 | 高等教育出版社 | 网　　址 | http://www.hep.edu.cn |
| 社　　址 | 北京市西城区德外大街 4 号 | | http://www.hep.com.cn |
| 邮政编码 | 100120 | | http://www.hep.com.cn/shanghai |
| 印　　刷 | 上海叶大印务发展有限公司 | 网上订购 | http://www.hepmall.com.cn |
| 开　　本 | 787mm×1092mm　1/16 | | http://www.hepmall.com |
| 印　　张 | 14.25 | | http://www.hepmall.cn |
| 字　　数 | 208 千字 | 版　　次 | 2022 年 1 月第 1 版 |
| 购书热线 | 010-58581118 | 印　　次 | 2023 年 12 月第 3 次印刷 |
| 咨询电话 | 400-810-0598 | 定　　价 | 32.00 元 |

本书如有缺页、倒页、脱页等质量问题,请到所购图书销售部门联系调换

# 前　言

　　劳动教育是新时代党对教育的新要求，是中国特色社会主义教育制度的重要内容，是学生成长的必要途径，具有树德、增智、强体、育美的综合育人价值，直接决定大学生的劳动精神面貌、劳动价值取向和劳动技能水平。长期以来，各地区、各学校贯彻党的教育方针政策，坚持教育与生产劳动相结合，在实践育人方面取得了一定成效。但同时也要承认，当前，在青少年中存在着不珍惜劳动成果、不想劳动、不会劳动的现象，劳动教育的独特育人价值在一定程度上被忽视，劳动教育有被淡化、弱化的趋势。

　　高校作为劳动教育的主阵地之一，广大大学生应深入学习领会习近平新时代中国特色社会主义思想，全面贯彻党的教育方针，坚决落实立德树人根本任务，切实践行课程思政理念，科学构建大学生劳动教育体系，整体优化劳动教育课程设置。基于此，我们以中共中央、国务院发布的多个指导性意见和教育部印发的指导纲要等为指引，结合高校劳动教育理论构建和具体实践的需要，遵循科学性、系统性、时代性原则，组织力量编写了这本教材，以期为深入推进新时代高校劳动教育贡献绵薄之力。

　　我们反复研习中共中央、国务院《关于全面加强新时代大中小学劳动教育的意见》《深化新时代教育评价改革总体方案》及教育部《大中小学劳动教育指导纲要（试行）》等政策文件和专家意见，经过反复讨论，将本教材定位于普通高校学生通识课程教材，最终按照"厘清基本轮廓、梳理历史脉络、设定合理目标、设计达成途径、防范潜在风险、维护劳动权益、弘扬时代精神"的编写思路，确定了本教材的结构框架。希望当代大学生通过本教材的学习,能够树立正确的马克思主义劳动价值观,掌握基本的劳动科学知识,继承勤俭、奋斗、创新、奉献的劳动精神,培育尊重劳动人民、珍惜劳动成果的劳动情感,形成辛勤劳动、诚实劳动、创造性劳动的劳动品质,成长为德智体美劳全面发展的社会主义建设者和接班人。

这本教材是集体智慧的结晶。遵循上述编写思路,本教材共设七章,分别由段景耀、周伊娜、何宇潇、吴进元、王建立、惠红儒、李志平编写,由卢胜利、刘瑜、杨孝峰统筹、定稿。

在编写过程中,我们查阅了国内外关于劳动教育的大量理论与实践成果,在此谨向成果所有者表达诚挚的谢意!高等教育出版社的领导和编辑在本教材的策划、编写过程中给予了悉心指导,也在此对他们的敬业奉献精神表达敬佩之意和感念之情!本教材能够付梓,得益于陕西师范大学学校领导和教务处、教育学部、后勤服务集团等部门领导、同事的大力支持,在此谨深表谢忱!

由于时间仓促,加之水平有限,本书中定有不少疏漏之处,恳请读者朋友不吝赐教。

编　者

2021 年 8 月

# 目　　录

# 第一章　劳动与劳动教育

**【学习目标】**

1. 了解劳动的概念和分类，初步建立劳动的概念；

2. 理解个人如何通过劳动创造价值；

3. 学习马克思主义劳动价值观；

4. 掌握劳动教育的概念和内容；

5. 理解劳动教育的途径与意义。

**【章节导读】**

　　劳动，作为一种具有有限目的性、不同于动物本能的活动，是人类特有的活动形式。它存在于整个人类进化与发展的全过程中，不断推动人类进化和社会发展。时至今日，随着社会的飞速发展，社会分工的不断发展细化，劳动形式的多样化已经超越了我们传统的认知。劳动教育作为中国特色社会主义教育制度的重要内容，直接决定了社会主义建设者和接班人的劳动精神面貌、劳动价值取向和劳动技能水平。加强新时代大学生劳动教育，是构建德智体美劳"五育并举"的格局，形成更高水平的人才培养体系的必然要求。本章从劳动、劳动教育、大学生劳动教育的途径与意义三个方面，层层递进，厘清劳动与劳动教育的概念，简要介绍马克思主义劳动价值观、劳动教育的核心价值，引导大学生深刻理解劳动教育的重要意义。

# 第一节　劳　动　概　述

劳动具有丰富的内涵和外延,不同历史时期的劳动也各有侧重,只有先明确劳动的概念,才能更好地把握劳动教育的当代内涵。

## 一、劳动的概念

什么是劳动? 这个问题看似简单。然而,仔细分析劳动的内涵与外延、起源与发展,就会发现对劳动作科学的界定其实并不是一件轻而易举的事情。

从人类劳动的演变史来看,劳动是在需求和生产的体系中不断发展的,不同社会形态下的劳动往往具有不同侧重的特征。农业社会的劳动主要是人的体力借助自然力作用于动植物的农业劳动,是动手与动脑相统一的、以体力劳动为主的劳动。工业社会的劳动主要是制造业劳动,其特征是运用生产工具对初级产品进行加工,动手和动脑的社会分工更加明显。后工业社会或信息社会的劳动是以生产无形产品(非实物使用价值)的服务劳动为主体的劳动,在产品创造中,体力劳动不再处于中心地位,管理劳动、科技劳动、信息劳动和知识劳动的地位则越来越重要。

人类为了在对自身生活有用的前提下占有客观对象,不仅可以使劳动力作用于身外的自然,并改变自然,而且可以使劳动力作用于某种人文状态,并加以改变,从而形成某种与自然实物相对立的非实物形态的客观对象。

《辞海》中对劳动的释义有五点:① 操作;活动。《庄子·让王》:"春耕种,形足以劳动。"② 指人类创造物质或精神财富的活动。如体力劳动、脑力劳动。③ 专指体力劳动。如劳动锻炼。④ 进行体力劳动。如:他劳动去了。⑤ 多用为敬辞,犹言劳驾,多谢。如《红楼梦》第四十二回:"贾母笑道:劳动了,珍儿让出去好生看茶。"

《现代高级英汉双解词典》将劳动解释为：劳动是身或心之劳作（labour is bodily or mental work）。马克思则将劳动界定为："劳动力的使用就是劳动本身。劳动力的买者消费劳动力，就是叫劳动力的卖者劳动。"①由于所处时代环境的不同，马克思对劳动概念的界定主要是对工农业劳动的概括，并非对一切劳动的解读。马克思从现实和理想两个层面揭示了劳动的内涵。从现实层面看，劳动是实现人和自然之间物质变换的物质性活动。"劳动作为使用价值的创造者，作为有用劳动，是不以一切社会形式为转移的人类生存条件，是人和自然之间的物质变换即人类生活得以实现的永恒的自然必然性。"②从理想层面看，马克思提出劳动是一种"自由的自觉的活动"，是以异化劳动为对立面并以克服异化劳动为目标的。在资本主义社会，异化劳动指生产劳动不再是劳动者自由自觉的活动，劳动者"在自己的劳动中不是肯定自己，而是否定自己，不是感到幸福，而是感到不幸，不是自由地发挥自己的体力和智力，而是使自己的肉体受折磨、精神遭摧残"。③

恩格斯在《劳动在从猿到人转变过程中的作用》一文中指出，在一定意义上"劳动创造了人本身"。所谓劳动是指人们运用一定的生产工具，作用于劳动对象，创造物质财富和精神财富的有目的的活动。

人类的祖先类人猿经长期劳动实践，才变成能制造并使用工具的人。劳动在不同的社会制度下具有不同的社会属性。在奴隶制度、封建制度和资本主义制度下，劳动者的劳动表现为奴隶劳动、农奴劳动和雇佣劳动，是不同性质的受剥削的劳动。在社会主义社会，劳动者成为国家和社会的主人。进入共产主义社会后，劳动将不再是谋生的手段，而成为人们生活的第一需要。可以说，劳动是人们改变劳动对象使之适合自己需要的有目的的活动，即劳动力的支出或使用；劳动在人类的形成过程中起决定性作用，是人类社会存在和发展的最基本条件。

---

① 马克思：《资本论》第 1 卷，人民出版社 2004 年版，第 207 页。
② 《马克思恩格斯选集》第 2 卷，人民出版社 2012 年版，第 96 页。
③ 《马克思恩格斯选集》第 1 卷，人民出版社 2012 年版，第 51 页。

综上所述,劳动是指在一定的社会关系中,人类使用工具改造自然或者利用脑力劳动,满足自己的物质、精神、文化和创新需要,实现个人发展和社会进步的有目的的活动。

## 二、劳动的分类

按照一般的劳动分类理论,劳动可分为生理力劳动、体力劳动和脑力劳动三大类。

生理力劳动是人作为个体存在的前提,因为人的内在存在的主要矛盾即人的意识主体与生命本体间的矛盾,缺少生理力的劳动生命本体就不存在,意识也就无从谈起。哲学上讲,没有物质基础就没有物质运动和精神运动。体力劳动和脑力劳动都需要身体里的血液提供氧气和能量,因此生理力劳动是生命体进行一切活动的前提。体力是脑力的基础,脑力劳动支配体力劳动,产生劳动价值。人的任何一种活动,都是生理力劳动、体力劳动和脑力劳动共同作用的成果。体力与脑力的劳动是指在人的实践活动中对劳动的侧重区分,不存在绝对独立的体力或者脑力劳动。两者在实践上是交互而统一的,这源于概念与实践本身的关系。

按照不同的标准,我们可以把劳动分为以下几种类型:① 根据劳动主体所耗费的劳动力的形态,劳动可分为体力劳动和脑力劳动;② 根据劳动对劳动主体的知识、经验和技能的要求,以及劳动主体实际耗费的体力、脑力或体力与脑力的综合量的多少,劳动可分为简单劳动和复杂劳动;③ 根据商品生产的劳动二重性,劳动可分为具体劳动和抽象劳动;④ 根据劳动者付出劳动的必要程度,劳动可分为必要劳动和剩余劳动;⑤ 根据劳动主体作用于劳动客体不同的方式,可把劳动分为常规劳动和创新劳动。

### （一）体力劳动和脑力劳动

体力劳动是指劳动者以运动系统为主要运动器官的劳动。脑力劳动是劳动者以大脑神经系统的运转为主,以其他生理系统的运动为辅的劳动,如思考、记忆等。

对劳动作这样区分的必要性在于,自出现脑、体分离以来,体力或脑力就呈现出分离状态,体力劳动与脑力劳动就分别由不同阶级或阶层的人承担。需要指出的是,体力劳动与脑力劳动的分离不是从来就有的,也不会永远持续下去。体力是脑力的基础,脑力劳动支配体力劳动,产生劳动价值。人的任何一种活动都是体力劳动和脑力劳动共同作用的成果,不动脑子"种不出好粮食"。在未来理想社会中,人类劳动的耗费即体力和脑力也会呈现出有机融合的状态,只不过这时的劳动由于脱离了必然性的盲目制约而成为自由而全面发展的劳动。

**(二)简单劳动和复杂劳动**

马克思在《资本论》中谈道,简单劳动"是每个没有任何专长的普通人的机体平均具有的简单劳动力的耗费"。《政治经济学辞典》中的解释是,简单劳动是复杂劳动的对称。这是指在一定的社会条件下,不需要经过任何专门训练的、一般劳动者都能胜任的劳动。

由上可以看出,简单劳动是指不需要经过专门训练和培养、没有专长的一般劳动者都可以从事的劳动。而复杂劳动是指需要经过专门的训练和培养、具有一定的文化知识和技能的劳动者才能从事的劳动。在同样的时间里,复杂劳动创造的价值量可能等于成倍的简单劳动创造的价值量。

简单劳动所产生的产品的剩余价值较低,而复杂劳动所产生的产品的剩余价值相对要高。技能质量水平反映的是劳动力在劳动过程中所掌握的技术和他们能力的高低,它可以用来区分简单劳动和复杂劳动。例如:农民种植的土豆每斤 2 元,而科学家的一些研究发明却价格不菲,就是因为两项劳动对技术质量水平要求不同造成的。形成商品价值的劳动以简单劳动为计量单位,复杂劳动相当于多倍的简单劳动。因为复杂劳动背后有教育等多重层面的付出,才会在同样时间里创造出比简单劳动更多的价值。正因为这样,人类才需要教育,需要高级技术,这就是学习的动力之一。在劳动、资本、知识、技术,管理、数据等要素参与的收入分配制度中，所谓按劳分配的"劳"，不只是指生产一线的直接劳动者的劳动，还有技术，知识、管理、数据的劳动，这些劳动属于复杂劳动。只有复杂劳动的报酬得到体现，连同生产一线的劳动者的报酬加起来能够体现按劳分配为主体。[①]

当然，复杂劳动和简单劳动的区分是相对的。一定条件下的复杂劳动，在另外条件下可能就是简单劳动。劳动由于复杂程度不同，在相同的时间内创造的价值也是不同的。一小时复杂劳动所形成的价值可以是一小时简单劳动形成价值的若干倍，这就要求在分析不同种商品的价值量时，必须把复杂劳动还原为简单劳动。

**（三）具体劳动和抽象劳动**

具体劳动是指在一定具体形式下进行的劳动，是有形的、看得见的，比如，装修工人粉刷墙壁、木工做家具，就是具体劳动。具体劳动反映的是人与自然之间的关系，是自然属性，是一切社会形态中都存在的永恒的范畴。

抽象劳动是指剥离了具体形式的、人类一般的、没有差别的劳动，它是人类劳动力（脑力和体力）一般生理学意义上的支出或消耗。抽象劳动反映的是商品生产者之间的经济关系，是劳动的社会属性。抽象劳动能够形成商品的价值。抽象劳动反映人们之间的社会生产关系，是社会属性，它是商品经济下特有的历史范畴。

具体劳动和抽象劳动是对立统一的。一方面二者是统一的，因为商品生产者在进行具体劳动时，同时也支出了抽象劳动，它们在时间上、空间上都是统一的，二者是不可分割的；另一方面二者又是对立的，因为具体劳动和抽象劳动只是生产商品时劳动的两种不同的属性，而不是两种不同的劳动。

**（四）必要劳动和剩余劳动**

必要劳动，是指劳动者为维持和再生产劳动力所必需的劳动。通

---

① 陈国维：《大学生劳动教育》，高等教育出版社 2020 年版，第 10 页。

俗地讲,就是劳动者为了维持自己和家庭的生活必须付出的那一部分劳动。在必要劳动中所花费的时间就是必要劳动时间。根据马克思主义政治经济学原理,社会必要劳动时间就是以一个工作日中一个标准人生理活动耗费的使用价值为界限的劳动时间。简单地说,就是劳动者当天的劳动成果的价值等于其当天所消耗的价值的部分。在必要劳动时间内的劳动为必要劳动,是再生产劳动力本身价值的劳动。

剩余劳动与必要劳动相对应,是指超过维持劳动力生产和再生产需要的劳动,即生产剩余产品所消耗的劳动。在私有制社会中即为剥削者所占有的劳动。剩余劳动时间是一个哲学词汇,指的是劳动者的劳动时间中用于生产维持劳动者自身及其家庭生活所必需的生活资料的时间以外的部分。剩余劳动时间内的劳动为剩余劳动,生产剩余价值被资本家榨取,这是剩余价值的来源。但是有人指出,在社会主义国家,剩余产品被社会所占有,因此也就没有剩余劳动,所有的劳动都是必要的,也就没有剩余劳动和必要劳动的概念了。

在当前阶段,劳动还是人们谋生的手段。作为谋生手段,劳动报酬的增长就不只是限于劳动者的劳动贡献,还应该包含体现谋生要求的内容。谋生的范围就是必要劳动的范围。随着社会的进步、文化的发展,劳动者的必要劳动范围也应扩大,相应的劳动报酬就有增长的趋势。[①]

### （五）常规劳动和创新劳动

常规劳动是指利用已有的知识、经验和技能以常规方式对劳动对象进行加工或改造的活动。

创新劳动是指运用新设计、新方法、新技术和新知识,以创新方式对劳动对象进行加工或改造的活动。

常规劳动是在现有的社会正常的生产条件下生产商品的劳动,它是按照既定生产条件下的常规方式进行的劳动。这种常规劳动未必是

---

[①]　洪银兴:《社会主义基本经济制度的创新和优势》,《红旗文稿》2020 年第 1 期。

简单劳动。它有时相当复杂,需要积累大量的经验、技能与诀窍;而且其不仅包括体力劳动,也包括常规性的脑力劳动。常规劳动的价值创造过程,是通过消耗个体生命以生产为他人服务的商品而建立社会关系的微观过程。

创新劳动则是通过改变原有生产条件与劳动方式,从而建立和创造的新的"社会正常的生产条件"的劳动。创新劳动本身虽然也是微观个体的劳动,但其创造劳动价值的过程必须通过改变社会正常生产条件的宏观的社会历史实践来实现,也就是通过将创新性劳动成果向全社会生产结构的渗透扩张来实现。常规劳动与创新劳动的区别并不是复杂劳动与简单劳动之分,也不是脑力劳动与体力劳动之别,而是其劳动产品属于不同的层次。常规劳动通过劳动者在既定的社会生产条件下消耗其个体生命的抽象劳动时间来创造价值,而创新劳动则通过社会历史时间来提升人们创造价值的能力以增加社会价值。[①]

## 三、劳动的价值

### (一)劳动的个体价值

生存需求是人类最基本的需求。劳动创造了人类本身,使之区别于其他动物,同时劳动也促进了人类社会的发展。满足人的生存需要是劳动的最基本价值。在古代社会中,人类的劳动能力较为低下,因此劳动的形式和内容比较单一。在当时的社会条件下,生产工具也很简陋,想要维持生命就需要不断地劳动,以获得满足生存需要的基础物质。打猎、捕鱼、养殖、采集等都是人类的劳动形式,正是这种基本的劳动使人类的生命得以延续,这是古代人类赋予劳动的生存价值和意义。后来,随着社会发展,劳动由最初的简单劳动进化为复杂劳动,但劳动者依然需要通过劳动来获得生存所需要的一切。

马克思认为人类本质的实现是一个通过劳动而自我诞生、自我创

---

① 鲁品越:《"创新劳动"价值与社会生产历史进程——两层次劳动价值创造论》,《哲学研究》2009 年第 7 期。

造和自我发展的历史过程。他提出,劳动既是人类本质形成的起点,也是人类本质发展的基础。

劳动为人的发展搭建实践平台。在劳动的过程中,人处于一个不断发展、不断完善的过程之中。劳动成果中凝聚的精神会形成一种对劳动本身的肯定与回报,劳动的过程是一个逐步解放的过程,劳动创造着具有人的本质的全部丰富性的人,创造着具有丰富的、全面而深刻的感觉的人。① 人只有劳动,才能实现发展,才能实现自我的价值,进而成为全面发展的人。

### (二) 劳动的社会价值

劳动具有社会性。马克思指出,人的本质不是单个人所固有的抽象物,在其现实性上,它是一切社会关系的总和。马克思把人的本质概括为一种社会本质,确定为一切社会关系的总和。人的这种社会本质是在劳动中形成和不断发展的,我们每个人都是社会中的人,是依附在一定的社会关系当中的。因此,人的劳动具有群体性特征,离开了整个人类社会,个体是无法劳动的。

无论是中国古代"四大发明",还是今天的云计算、人工智能等现代科技,都是人类劳动的结晶。人类社会经历的种种变化,都是人类劳动的结果。今天的劳动已经远远超出了生存的意义,成为人们追求的价值目标。

劳动是为了获得更好的生活。人们不再满足于"活着",而是要"有质量"地生活。以互联网为代表,现代技术已经渗透到人类生活的各个方面,颠覆了人类的生活、学习和工作方式,越来越多的劳动从线下转为线上,从体力劳动为主转为脑力劳动为主,这些都是劳动改变世界的一部分。随着人类社会的不断进步,更大范围、更深层次、更广领域的劳动内容正在发生着改变,于无声之处见繁华,人类的生活也在劳动水平不断提升的状态下朝着更丰富、多元化的方向发展。

---

① 马克思:《1844 年哲学手稿》,人民出版社 2000 年版,第 88 页。

## 四、马克思主义劳动价值观

劳动价值观作为价值观中一个不可或缺的部分,是人们在实现个人愿望、满足自身需要时,对劳动价值的定位和根本看法。它直接决定着劳动者的价值判断和价值选择,是世界观、人生观和价值观的重要组成部分。在马克思主义价值观的形成过程中,劳动发挥了至关重要的作用。马克思始终以劳动对整个人类社会的作用和意义来审视劳动的价值。马克思主义劳动价值观是指在辩证唯物主义和历史唯物主义的世界观、方法论指导下,基于劳动价值论学说而形成的对劳动的本质、目的、意义、态度与劳动分工等方面的根本看法和根本观点。作为马克思主义理论的重要组成部分,它主要包括劳动创造了人类和人类社会、劳动是价值和财富的源泉、劳动是实现人全面发展的基本途径等三个方面的内容。

马克思认为,全部人的活动迄今为止都是劳动。[①] 劳动不仅创造了人本身,同样也创造了人类生活。马克思分别从历史唯物主义、政治经济学、教与学的视角论证了劳动创造世界、劳动是商品价值的唯一源泉、劳动促进人的全面发展。马克思强调生产劳动与智育、体育相结合的重要作用,指出这是造就全面发展的人的唯一方法。列宁同样重视教育与生产劳动相结合对实现社会理想的重要作用。他指出,对于年轻一代的教育,如果不能与生产劳动结合,未来社会的理想是不可能想象的[②]。因此,教育与生产劳动相结合不是浅层意义的结合,它存在更深层次的价值内涵。进行劳动教育,领会劳动对个人发展的价值,体悟劳动赋予人生的意义,是推动个人成长的关键环节。

### (一)劳动创造了人和人类社会

劳动是马克思用以分析人类历史发展的核心范畴之一。他认为人类社会是以人的物质劳动作为载体的,劳动在人类社会和历史发展中

---

① 马克思:《资本论》第1卷,人民出版社1975年版,第88页。
② 列宁:《列宁全集》第2卷,人民出版社2013年版,第413页。

起着关键性作用,具体表现为劳动创造了人本身,劳动创造了世界,劳动创造了历史。

1. 劳动创造了人本身

劳动创造了人,而且是人类赖以生存、发展的决定力量。

恩格斯在 1876 年所写的《劳动在从猿到人转变过程中的作用》一文中,明确提出并全面论证了劳动创造人的原理。他指出,劳动是整个人类生活的第一个基本条件,而且达到这样的程度,以致我们在某种意义上不得不说:劳动创造了人本身。马克思认为,正是在改造对象世界中,人才真正地证明自己是类存在物。这种生产是人的能动的类生活。通过这种生产,自然界才表现为他的作品和他的现实。因此,劳动的对象是人的类生活的对象化:人不仅像在意识中那样理智地复现自己,而且能动地、现实地复现自己,从而在他所创造的世界中直观自身。① 这一论述深刻地指出,人类正是在改造世界的过程中,证明了自己是类存在物,劳动是人类能动的类生活。正是劳动,使人和猿有了本质的区别。人类的祖先经过几十万年逐渐学会用手适应一些动作,同时劳动的发展促使社会成员之间的共同协作变得更加紧密;发音器官由此得到了完善,语言就这样在劳动中产生;然后是语言和劳动一起,成了两个主要的推动力,在它们的影响下,猿的脑髓就逐渐变成人的脑髓。这标志着人类通过劳动摆脱了最初的动物状态,学会用手完成新的愈来愈复杂的动作,获得了语言,以及愈来愈清楚的意识和抽象、推理能力,最终从自然界中分离出来,从而具有了人类的体态特征。

同时,人类本身不仅具有基本的生物属性,还具有社会属性。人类祖先从"最初的动物式的本能的劳动形式",到以制造劳动工具为标志的人类劳动的真正出现,再到战胜自然,创造物质生活资料,单靠个体的力量是不行的,必须结成一定的关系,逐渐形成复杂的人类社会。劳动形成了社会关系,实现了生物人到社会人的转变。因此,无论是在人

---

① 《马克思恩格斯全集》第 3 卷,人民出版社 1960 年版,第 308 页。

的意识的形成和发展过程中,还是在由生物人到社会人转变的过程中,劳动都发挥了决定性的作用。

### 2. 劳动创造了世界

在马克思看来,构成人类赖以生存的现实世界的关键要素之一就是人的劳动。当人开始生产自己的生活资料的时候,人本身就开始把自己和动物区别开来。人们生产自己的生活资料,同时间接地生产着自己的物质生活本身。这表明了人类的生产劳动是有意识、有目的的活动,是区别人和动物的关键。这种劳动并不是抽象层面的劳动,而是人在现实生活中的感性的物质劳动,是人类实践活动中最基本形式的生产劳动,即试图通过劳动创造出一个可以满足人类生活的物质世界。马克思历史唯物主义中所理解的世界,是人类的现实生产劳动的结果,而不是和人类现实生产活动无关的外在实体。所以,马克思认为在进行生产劳动的个体并不是处在某种虚幻的离群索居和固定不变状态的人,而是处在现实的、可以通过经验观察到的、在一定条件下进行的发展过程中的人。这让劳动个体的生产劳动既有生产外部物质世界的现实性,也有生产出人类社会生活的现实性。通过这样的劳动,人类和外部世界的关系将发生根本性的转变,从原本的自然世界逐渐转换为人类世界,进而通过劳动改造或改变世界。作为人类实践活动最基本形式的生产劳动也将由感性活动转变为人的现实社会的活动。

### 3. 劳动创造了历史

马克思主义劳动主体论认为劳动是一切历史产生和发展的基础,是劳动者主体与主体之间、主体与客体之间建立联系的桥梁,是促成人之成人、人之为人、人之未来发展及人化世界之发展的决定性因素。

马克思在《德意志意识形态》中指出:"我们首先应当确定一切人类生存的第一个前提也就是一切历史的第一个前提,这个前提就是:人们为了能够'创造历史',必须能够生活。但是为了生活,首先就需要衣、食、住以及其他东西。因此,第一个历史活动就是生产满足这些需要的资料,即生产物质生活本身。同时这也是人们仅仅为了能够生活就必须每日每时都要进行的(现在也和几千年前一样)一种历史活动,即一切历史的一种基本条件。"这表明劳动是人类历史的逻辑起点,人类必须通过劳动首先满足物质生产活动,解决人类的吃喝住行穿等生存需要,才能创造生活和历史。

人类历史发展的一切现实性都无法离开人类的劳动,人类创造历史的行为内化于日常劳动中。马克思认为,任何一个民族,如果停止劳动,不用说一年,就是几个星期,也要灭亡,这是每一个小孩都知道的,只有以生产劳动为前提才能理解人类的历史发展。恩格斯也指出,"历史破天荒第一次被安置在它的真正基础上;一个很明显的而以前完全被人忽略的事实,即人们首先必须吃、喝、住、穿,就是说首先必须劳动,然后才能争取统治,从事政治、宗教和哲学等活动",这一很明显的事实在历史上的应有之义此时终于得到了承认。这些论述不仅充分肯定了劳动对于整个人类和人类历史的重要意义,而且表明了劳动人民在历史发展中的伟大作用。

**(二)劳动是价值和财富的源泉**

马克思主义劳动价值论认为,价值是凝结在商品中的无差别的人类劳动。一切有价值的商品都是建立在劳动创造基础之上的,其回答的主要价值问题是价值是由谁创造的、被谁占据的及如何被分配的。马克思主义劳动价值观主要包含了劳动是商品价值的唯一源泉、资本主义社会的劳动表现为异化劳动、按劳分配是实现社会正义的重要原则等三个方面的内容。

1. 劳动是商品价值的唯一源泉

统一价值论认为:劳动的本质就是消除不确定性,而消除不确定性等同于提高有序性,提高有序性就是提高功能有序性,提高功能有序性就是增加价值量。

马克思认为:劳动是创造价值的唯一源泉。他从不同性质使用价值为什么能够在数量上相比较出发,抽象出价值概念。为此,他提出商品的二重性学说,并独创了劳动二重性学说,把价值作为一个独立范畴确定了下来,即凝结在商品中无差别的人类劳动。

在价值创造上,马克思指出,社会平均劳动时间决定价值量的大小。他运用剩余价值理论,揭示了价值创造的源泉和资本主义生产关系的对抗性,解释了剩余价值的本质,并指出剩余价值的出现既离不开流通领域又不在流通领域,而在生产领域。生产领域的价值增值关键是生产者,资本家的预付资本并不创造价值而是转移其自身的价值。

马克思在《资本论》第一卷中科学地分析了商品的使用价值和交换价值等基本概念,同时较为完整地论证了劳动二重性原理。他指出:一切劳动,一方面是人类劳动力在生理学意义上的耗费,就相同的或抽象的人类劳动这个属性来说,它形成商品价值;一切劳动,另一方面是人类劳动力在特殊的有一定目的的形式上的耗费,就具体的有用的劳动这个属性来说,它生产使用价值。这表明,马克思将劳动划分为具体劳动和抽象劳动,将劳动的二重性理解为生产商品过程中的同一种劳动的两个方面或两个属性,而不是指两种劳动或两次劳动。

由此,马克思将抽象劳动的价值视为商品价值的一般尺度,而劳动的自然尺度就是劳动实践,因而商品的价值量就由抽象劳动时间量来进行衡量。商品具有价值,因为它是社会劳动的结晶。商品价值的大小或它的相对价值,取决于它所含的社会实体量的大小,也就是说,取决于生产它所必需的相对劳动量。所以,各个商品的相对价值,是由耗费于、体现于、凝固于该商品中的相应的劳动量决定的。马克思反复强调,商品的价值是由劳动创造的,要生产出一个商品就要付出一定的劳动量,劳动是商品价值的唯一源泉。

### 2. 资本主义社会的劳动表现为异化劳动

异化,起源于拉丁文,有疏远、脱离的意思,字面上理解就是同一的东西变得不同一了。马克思的异化劳动理论论述的就是工人的劳动活动及其劳动成果不仅仅不是工人自己的,还反过来与工人对立、统治工人的现象。马克思以异化理论为基础,尖锐批判了资本主义社会的异化劳动扭曲人的本质,通过对资本主义社会生产过程的全面剖析,他指出资本主义社会生产过程的价值增值和资本家财富快速积累的全部基础,就在于资本家对雇佣工人剩余劳动的剥削。所谓"劳动剥削"就是指资本家对雇佣工人的剩余劳动的无偿占有。剩余劳动是指劳动者在必要劳动之外所付出的劳动,支配着这种剩余劳动的不是工人,而是资本家。可见,在资本主义制度中,资本家与工人的关系就是剥削与被剥削的关系。因为资本家占有资本,土地所有者占有土地,而工人阶级只能以商品的形式出卖剩余劳动,维持生存。资本主义社会的秘密就隐藏在剩余劳动价值之中。马克思正是通过对剩余价值的研究,揭示了资本家对劳动者的剥削,正是由于劳动剥削导致了劳动者阶级与剥削阶级的对立,劳动在资本主义社会中逐渐异化,其实质就是劳动的社会雇佣关系对于劳动的禁锢。

**3. 按劳分配是实现社会正义的重要原则**

按劳分配是马克思主义关于未来社会分配制度的一个重要构想。以生产资料公有制为基础,马克思指出,不管个人所创造的或协助创造的产品的特殊物质形式如何,他用自己的劳动所购买的不是一定的特殊产品,而是共同生产中的一定份额。马克思认为应该按照劳动者在劳动过程中所提供劳动量的占比进行分配,劳动量是决定劳动者个人获得消费资料的同一的、唯一的尺度。分配的结构完全决定于生产的结构。分配本身是生产的产物,不仅就对象说是如此,而且就形式说也是如此。就对象说,能分配的只是生产的成果;就形式说,参与生产的一定方式决定分配的特殊形式,决定参与分配的形式。这里所谓"生产"是指人类的劳动活动。人类参与劳动的形式直接决定了人类分配劳动成果的形式,这充分体现了马克思的按劳分配思想,即多劳多得、少劳少得、不劳不得的理念。这种按劳分配的方式被看作实现社会公平正义的重要原则,表达了对具备不同劳动能力的劳动者有效劳动的承认,也体现了对不同劳动者之间劳动正当、合理性差异的承认。

马克思在继承与批判亚当·斯密与李嘉图等古典经济学家的理论观点的基础上,确认了劳动创造价值这一真理。可以说,马克思主义是站在劳动者阶级并服务于劳动者阶级的立场上追求和实现人类社会公平正义的。

### (三) 劳动是实现人全面发展的基本途径

马克思认为,在合理的社会制度下,每个有劳动能力的人都应当学会劳动,进而实现体力劳动和脑力劳动的结合,这样能够使人的能力可以在各方面得到充分的、协调的发展,最终成为全面发展的人。他从劳动形成人的本质、劳动为人的全面发展创造条件、教育与生产劳动相结合是造就全面发展的人的唯一方法三个方面展开论述。

#### 1. 劳动形成人的本质

在马克思主义哲学中,人的本质包括自然属性和社会属性两个方面。二者对于人类的形成和发展不可或缺。

人作为一种生命体,首先具有自然属性。人的自然属性是人区别于其他生物的本质,自然属性是社会属性生发的物质前提,前者对后者起着基础性作用。

劳动创造了人本身,是人的各种自然属性形成的根据。人是从古猿进化而来的,从古猿到人的转变并非仅仅是简单的生物进化过程。古猿的体质形态、群体结构以及生存环境是形成人的自然前提。但人类产生的内在机制和现实基础却是劳动,劳动对于人类的产生、形成具有根本性、决定性意义。在劳动中,类人猿的肢体和大脑进化成为人的肢体和大脑,产生了语言,形成了意识。在劳动中,人形成了特有的区别于动物的自然属性。

马克思认为,首先要研究人的一般本性,然后要研究在每个历史时代发生变化的人的本性。人的自然本质相较于动物,其根本区别在于人的自由自觉的活动,即劳动。恩格斯指出,动物仅仅利用外部自然界,单纯地以自己的存在来使自然界改变。而人则通过他所做出的改变来使自然界为自己服务,来支配自然界。这便是人同其他动物最本质的区别,而造成这一区别的还是劳动。因此,劳动是人之所以成为人,区别于动物的本质特征。

马克思将人的本质界定为"社会关系的总和",这是从社会属性来进行论述的,与人的自然属性并不矛盾。马克思从整体的视角来探讨人的本质,认为人的本质并不是单一的,同自然属性一样,社会属性也是人的本质的一方面。人是社会的人,社会属性对于在生活世界中进行社会实践的人具有决定意义。任何个人都必须生活在一定的具体的社会关系之中,这种具体的社会关系就是马克思所说的"现实性"。个人必须依据这种"现实性"而存在,个人的本质同样必须以这种"现实性"为依据。正是在这个意义上,马克思把人的本质概括为一种社会本质,确定为"一切社会关系的总和"。同生成自然属性一样,劳动同样生成了人的社会属性。

劳动是人的本质形成的起点,也是人的本质发展的基础。劳动创造了人,劳动的解放体现在其全面性和开放性,从而决定了人的本质的全面性、开放性。劳动的解放包含自然和社会两个层面。劳动在自然层面的解放就是劳动者对外在自然必然性强制的不断突破和在自然面前地位的不断提升,其实质就是人的劳动能力的提高和社会生产力的不断发展。劳动在社会层面的解放,就是要消灭私有制,使人们平等地占有生产资料和参与社会劳动,并平等地分享劳动成果。劳动和社会经济地位的平等,必然带来社会政治、道德地位的平等。随着生产方式即谋生方式的改变,人们也就会改变自己的一切社会关系。解放了劳动,人在生产中的地位才能平等,社会关系才能向自由、平等、民主的方向发展,从而丰富和完善人的本质。

劳动在自然层面和社会层面的解放,正是人的自然属性和社会属性的不断完善,可以说劳动为人的本质的完善开辟了广阔的道路。劳动解放的过程是人类改造自然、改造自我、改造社会的过程,也是上述三种改造同时进行、三位一体而相互影响并最终抵达人类理想社会的过程。劳动的解放是一个过程,其目标则是人的本质的完善。

## 2. 劳动为人的全面发展创造条件

在教育发展的过程中,众多思想家都提出了关于人的全面发展的教育思想。例如,亚里士多德提出人的德智体和谐发展;莫尔提出消灭脑力劳动与体力劳动的对立;圣西门则最早提出了"全面发展的人"的理想;傅里叶提出让儿童轮流参加各种劳动以实现体力和智力的全面发展;欧文强调劳动者本身的全面发展,并将体力劳动和脑力劳动视为实现人的全面发展的基本途径。

马克思、恩格斯批判地继承了历史上关于人的全面发展的思想,通过对人类社会发展的历史考察,他们指出旧式不合理的社会分工导致人的劳动丧失了整体性,从而使人陷入片面的发展。为此他们提出现代教育应该以人的全面发展为目标。马克思、恩格斯在这里指出的人的全面发展,并不是指人在德、智、体、身各方面都得到发展,而是指人的劳动能力的全面发展。具体来讲,是指使人的生产劳动能力得到充分发展。

人的劳动能力主要分为体力劳动能力和脑力劳动能力。体力劳动能力主要指人体所具有的自然力,脑力劳动能力则是指人在精神层面的生产能力。体力劳动与脑力劳动的割裂以及各自片面的发展,在一定程度上都将限制和破坏人的发展的全面性。

机器大工业时期的生产劳动,需要劳动者不断适应职能和劳动过程中所组成的各种关系的频繁变化。这种大工业需要那些把不同社会职能当作互相交换的活动方式的全面发展的个人,来代替只承担一种局部社会职能的局部的人,这是现代生产的普遍规律。因此,只有提高人的全面发展的劳动能力,才能使人适应工种的变化和创造出更多的财富。也就是说,社会生产劳动对人的全面发展起着重大作用。可见,劳动是人类实践活动的最集中的表现,促进人的劳动能力的充分发展意味着劳动的内容和形式满足了完整性、丰富性和可变动性的要求,这无疑能够进一步实现人的自觉能动性、创造性和自主性的全面发展。

3. 教育与生产劳动相结合是造就全面发展的人的唯一方法

马克思在《资本论》中指出,正如我们在罗伯特·欧文那里可以详细看到的那样,从工厂制度中萌发出了未来教育的幼芽,未来教育对所有已满一定年龄的儿童来说,就是生产劳动同智育和体育相结合,它不仅是提高社会生产的一种方法,而且是造就全面发展的人的唯一方法。马克思特别强调教育要与生产劳动相结合,一方面因为教育与生产劳动相结合是现代社会发展的基本要求,其不仅要不断适应现代社会劳动形式的变化,又要使劳动者得到多方面的发展;另一方面,在马克思构想的社会主义社会中,剥削制度得以消灭,这为教育与生产劳动的结合提供了现实可能。在马克思看来,教育与生产劳动相结合是社会主义教育的本质体现。列宁也指出,没有年轻一代的教育和生产劳动的结合,未来社会的理想是不可能想象的:无论是脱离生产劳动的教学和教育,或是没有同时进行教学和教育的生产劳动,都不能达到现代技术水平和科学知识现状所要求的高度。毛泽东要求教育必须为无产阶级政治服务,必须同生产劳动相结合;邓小平强调,为了培养社会主义建设需要的合格人才,我们必须认真研究在新的条件下,如何更好地贯彻教育与生产劳动相结合的方针。这些论述都是对马克思“教育与生产劳动相结合是造就全面发展的人的唯一方法”的继承和发扬。

教育的对象是人,其不仅是面向人,也同时面对人身上所附带的社会关系。因此,当我们考察教育对人的作用时就无法回避人的社会关系。而在社会关系的逻辑架构中,人的生产劳动是其产生社会关系的逻辑起点,只有通过生产劳动才能形成现实的社会关系。同样,社会关系也不是孤立于人以外的事物,而是内化于生产劳动之中的。因此,生产劳动对个人具有决定性的意义。那么,我们研究面对人的教育,就是研究人如何学会通过劳动来生产自己需要的生活资料,以及人与人之间所产生的生产关系是如何影响人自身的生产的。教育与劳动之间具有辩证统一的关系,教育既承载劳动,又为劳动服务。一方面,人通过教育不断提升自身的劳动能力;另一方面,承载着教育功能的劳动本身也使人能够不断充实自我并实现自我成长。

劳动是生存和生活的需要,也是人类发展、成长和存在的需要。我们通过劳动改变自己,改善生活,改造世界。不同的劳动有着不同的收益,不同的人群有着不同的需要,不同的追求有着不同的劳动,不同的职业有着不同的奉献。

无论是体力劳动还是脑力劳动,都是可贵的、值得珍惜的。苦也好,累也罢,劳动不仅关乎人的健康和智慧,也关乎人的快乐和幸福。劳动使我们的生活丰富多彩,劳动锻炼和造就了我们人类。人的伟大其实就在于会劳动、能劳动和爱劳动。没有劳动的人生是毫无意义的,能劳动的生活是幸福的。

# 第二节　劳动教育概述

劳动教育是新时代高质量人才培养体系的有机组成部分,具有综合育人价值。对当代大学生施以劳动教育,旨在使其在具体的劳动实践中树立劳动最光荣、劳动最崇高、劳动最伟大、劳动最美丽的观念,认同并践行勤俭、奋斗、创新、奉献的劳动精神,练就过硬的劳动本领,养成良好的劳动习惯,培育崇高的劳动品格,实现德智体美劳全面发展。

## 一、劳动教育的概念

劳动是人类社会赖以生存和发展的基础,是人类最基本的实践活动。在原始社会中,人人都要劳动才能生存。在阶级社会中,出现了体力劳动与脑力劳动的分离与对立,剥削阶级把体力劳动者作为剥削和压迫的对象。在社会主义社会中,生产资料实现公有制,剥削与压迫被消灭,劳动人民当家作主,劳动是每一位公民的光荣义务,每一个公民都应该以自己的辛勤劳动为社会建设做出贡献。

劳动是一种独特的学习形式,对学生个人的成长和发展起着不可替代的作用。

劳动教育是现代社会教育体系下实现人的全面发展的主要内容之一，是中国特色社会主义教育制度的重要内容。当代大学生能否树立正确的劳动观点和劳动态度，热爱劳动和劳动人民，养成良好的劳动习惯，直接决定了当代大学生的劳动精神面貌、劳动价值取向和劳动技能水平。

综合前人的研究成果，我们将劳动教育界定为：针对在校学生展开的，以劳动观念、劳动习惯、生产技术知识、劳动技能为主要内容的教育活动。其目的是培养学生热爱劳动、尊重劳动者、珍惜劳动成果，并使他们获得基本的生产知识和劳动技能，从而促进其全面发展。

## 二、劳动教育的内容

### （一）劳动价值观

人类为何而劳动？为了人类的可持续发展而劳动。我们可以从以下三个方面理解：为了生存、为了创造、为了人与自然的和谐相处。

第一，为了生存。立足个体生存，人类必须劳动，劳有所得，而非不劳而获。人要在客观的物质世界生活，首先必然通过劳动取得物质资料，将外部世界的事物变成人的需要的一部分。那么何谓劳动？马克思称这个过程为实践，也是人的类特性。"一个种的全部特性、种的类特性就在于生命活动的性质，而人的类特性恰恰就是自由的、自觉的活动。"根据马克思的描述，人的第一项劳动活动，或者具体来说人的物质资料的生产活动是人的最一般的"类特性"，是人从事文化、艺术及其他社会生活的基础。这也是人区别于动物的最明显的特点。从人的历史发展进程来看，人的劳动活动是产生人的需要、人的社会关系的必然途径，也是人的主体性在客观世界中最基本的体现。人通过劳动掌握外部世界，不仅生产和再生产自己的生存需要，创造自己在社会生产和生活中的物质基础，同时还建立社会文明和社会关系，人通过劳动不断改变自身、发展自身。劳动实现了人对世界的认识和改造，实现了人在客观世界中的价值和理想。

人的劳动满足了人的需要,实现了需要由低级向高级的转变。人的需要不同于动物的需要,严格意义上说有本质的不同。人的需要突破了动物的本能,产生了在物质需要和生理需要之上的文化需要、艺术需要以及社会需要等更高层次的需要。合理性的需要是符合自然和人类社会自身发展规律的需要,要求人必须以科学的认识为基础。在人的发展的历史进程中,我们要以正确的世界观来审视人的需要,促使人的需要向丰富、正确、合理的方向发展。这对人的发展的意义在于,需要的发展是人的本质力量的新的证明和人的本质的新的充实。因此,人通过劳动获得生存的基础,并且不断驱使自己形成正确的价值观和人生观。

第二,为了创造。立足于个体与社会的关系,人类必须劳动,在劳动中创造,在劳动中创新,在劳动中实现生命的价值。2015 年 10 月,我国著名的药学家屠呦呦,因提取出可以有效降低疟疾患者死亡率的青蒿素,而成为首个获得诺贝尔生理学或医学奖的中国人。这是屠呦呦团队在共同的劳动过程中取得的科学成就,青蒿素的发现为全人类的生存与发展做出了重大的贡献,创造了不可磨灭的价值。

第三,为了人与自然的和谐相处。人通过劳动与自然建立起联系,但人为了生存、为了创造也让自然伤痕累累。人类要改善与自然的关系,需要与自然建立新的联系,这也必须通过劳动来实现。例如:人类掌握了农耕知识,便有了大麦、小麦、玉米、小米等可供食用的粮食作物;驯化了动物,才有了猪肉、牛肉、羊肉、鸡肉等肉类副食品;使用了火便有了熟的食物;改造了石头、树木便有了工具。在整个人类文明发展的进程中,人与自然相处不和谐所带来的教训不可谓不深。人类只有尊重自然、热爱自然,与自然和谐共处,才能维持生态平衡,而这一切都需要通过劳动来实现。

### (二)劳动素养

劳动素养是指学生通过多方面的劳动教育而逐步形成的,由劳动精神面貌、劳动价值取向和劳动技能水平等要素凝结而成的整体状态。

在日常生活、生产实践、职业劳动和社会参与活动中,劳动素养能够得到提高和体现,并融入学生的观念、习惯、品质、能力之中。

人类起源于劳动,劳动创造了人本身。人类通过劳动,改善了自身的生存环境和生活条件。中华民族是勤劳勇敢的民族,正是靠劳动创造了民族五千年的灿烂文明。因此,劳动为我们实现人类可持续发展奠定基础,是我们生存于世的最基本的活动。具备基本的劳动素养,是我们每个公民应该具有的基本品质。

### （三）劳动实践

教育与生产劳动相结合是我国教育培养人才的重要途径。参加劳动实践,既可以巩固和检验所学的知识与理论,又可以运用所学的知识与理论解决实际的问题,还可以培养劳动实践能力和独立生存能力,树立正确的劳动意识,养成良好的劳动习惯,形成过硬的劳动品质,牢固树立劳动最光荣、劳动最崇高、劳动最伟大、劳动最美丽的观念。

大学生劳动本领的增长,既要依靠课堂教学方面的知识传授,也要依靠劳动实践方面的亲身体验。大学生有目的、有计划、有组织地参与劳动实践活动,既可以使课堂所学的知识在实践中得以应用、检验,又可以切实地在劳动中学到知识和经验。

参加劳动实践,了解社会、熟悉国情、增长才干、奉献社会、磨炼意志、培养品格,这对于当代大学生加深对党的路线方针政策的认识,坚定在中国共产党领导下,走中国特色社会主义道路,增强实现中华民族伟大复兴的坚定信念、历史使命感和社会责任感,具有不可替代的重要作用;对于培养中国特色社会主义事业的合格建设者和可靠接班人,具有极其重要的意义。

### （四）科学劳动

什么是科学劳动? 马克思没有对此做过概念性的表述。陈征教授指出,所谓科学劳动,应该包含两个方面:一方面,人们在不断的生产和社会活动中认识客观规律并将其上升为理论,这是科学发现和发展的过程,这既包括分析研究、发明创造的科学发展过程,也包括学习、传授、继承和长期积累的过程;另一方面,人们将科学应用于生产,创造出一系列新的工具、手段、工艺,培养劳动者使其掌握一定的科学技术知识并运用它们来进行生产活动,这是由科学到技术,再由技术到生产的应用过程,是由潜在生产力到现实生产力的转化过程。[①] 可见,科学劳动既包括积累总结实践经验,从事科学发明、创造的劳动,学习、继承科学成果的劳动,也包括将科学转化为技术、将技术应用于生产实践过程的劳动。

### (五)劳动精神

高尔基说过:我知道什么叫劳动,它是世界上一切欢乐和美好事情的源泉。毛泽东指出,社会主义制度的建立给我们开辟了一条到达理想境界的道路,而理想境界的实现还要靠我们的辛勤劳动。习近平总书记在全国劳动模范和先进工作者表彰大会上指出,劳模精神、劳动精神、工匠精神是以爱国主义为核心的民族精神和以改革创新为核心的时代精神的生动体现,是鼓舞全党全国各族人民风雨无阻、勇敢前进的强大精神动力。

劳动精神是一种美德,也是一种担当。热爱劳动、崇尚劳动,既是中华民族的优良传统,也是我们每个人的责任。我们要用劳动创造未来,用奋斗成就梦想。

劳模精神、劳动精神、工匠精神是精神,也是境界。既可以"看得见",也可以"学得来"。无论是过去的"南泥湾精神""铁人精神""红旗渠精神",还是今天的"载人航天精神""抗疫精神",都是"伟大出于劳动"的真实写照。正是一代又一代劳动者手不停歇、脚不停步,真抓实干、无私奉献,才铸就了伟大的创造精神、伟大的奋斗精神、伟大的团结精神、伟大的梦想精神。

新时代是一个奋斗的时代,是每个人都可以拥有梦想的时代,也是用不懈奋斗创造美好生活的时代。天上不会掉馅饼,一切欢乐和幸福

---

① 陈征:《劳动和劳动价值论的运用与发展》,高等教育出版社 2005 年版。

的生活都是干出来的,都是奋斗出来的。在全面建设社会主义现代化国家的新征程中,只有劳动、只有奋斗、只有创新,才能不断创造新的时代辉煌,铸就新的历史伟业。在实现中华民族伟大复兴的道路上,更需要大力弘扬劳模精神、劳动精神、工匠精神。

在校大学生即将成为新时代的劳动者,要积极准备投身到为实现中华民族伟大复兴而奋斗的时代洪流中,把劳模精神、劳动精神、工匠精神落实到生活、学习、实践等具体行动中,在追梦之旅中实现人生价值。

## 三、劳动教育价值体认的四个重要维度

价值问题、价值观培育与践行问题,属于哲学范畴,需要理性的思考。价值体认不仅是一种价值观教育的方式,也是一种哲学理解的方式。只有对价值体认,包括价值体认维度进行哲学解读,才能有更深层次的认知,才能保持思想、理念的张力,并逐渐沉淀为正确的价值观,使之成为行动的指南。这里我们应当明晰劳动教育价值体认的四个重要维度。

### (一) 劳动与人性——劳动是自由自觉的活动

马克思在《资本论》中对劳动作了具体的论述:劳动是人的自我实现,是体力和智力的表现;在劳动这一真正的活动过程中,人本身得到了发展,成为人自身;劳动不仅是达到目的即产品的手段,而且是目的本身,是人的本质能力的一种有意义的表现,因而劳动是一种享受。

人的本性就是自由自在的活动,这种自由自在的活动便是劳动。这一价值的揭示直抵人的本性,意思很明确,即假如失去了劳动,人便失去了存在的意义,人的本质是在劳动中得以体现并发展的;而人要有自由自在的存在感,必须通过劳动,在劳动中获得。我们可以作这样的判断:人不劳动不立,这与人无德不立是并行不悖的。因此,参加劳动是人自身发展的内在需求而非外在要求,是自觉的而非强加的,是主动的而非被动的。只有自觉、自主地参加劳动,才可以成为真正的人。

### （二）劳动与幸福——劳动是幸福之源

幸福是人类共同的追求。有学者认为，幸福是教育的核心目的。究竟什么是幸福？幸福是从哪里来的？歌德在《浮士德》中借用浮士德的口吻对人们说："既不是财产和权利，也不是感性的满足，能实现人对人生意义的期望……只有在生产性的活动中，人才能使人生有意义。"他说的"生产性活动"指的就是劳动；他说的"有意义"，指的就是人生的幸福。苏霍姆林斯基则将幸福与劳动统一在一起，他认为："尽管每个人都渴望幸福，但远非所有的人都愿用劳动去掘深幸福之井，并从中发现新的幸福源泉。"不仅如此，他还将劳动教育的过程比作培养手执"金钥匙"的"真正的人"。这些诗意的表达极富哲理。

当下，我们生活在价值多元的社会中，很容易将幸福片面地认为是对金钱的占有、财富的获得和生活的消费、娱乐、享受等，由此产生了对物质条件的攀比心理，甚至幸福价值观发生扭曲。实际上，幸福是奋斗出来的，在辛勤的劳动中才会有真正愉悦的体验和幸福的感悟，才会真正懂得幸福就在劳动中。这样的价值体认在现实生活中显得尤为重要，特别宝贵。

### （三）劳动与创造——劳动激发人的创造潜力

劳动被视为人的本性，被视为创造的过程，这不只是马克思所特有的思想，不少思想家也有同样的观点。毋庸置疑，劳动激发了创造，且劳动本身就是创造。劳动创造了工具，创造了生活，创造了世界。人停止了劳动，也就停止了创造。劳动不止，创造不止。

劳动在本质上是人的一种积极的、创造性的活动。人的劳动之所以具有创造性，是因为：一方面，人具有创造的需要和能力；另一方面，劳动过程的要素和结构具有创造性的内在机制。劳动是表现、实现和确证人与世界关系的一种最具体、最现实的形式，是人与世界关系的最普遍、最根本的基础。

回归日常生活，培育个体养成参与劳动的习惯和热爱劳动的态度，使人们对劳动形成基本的正确的认知是必须且重要的。其中，在理解劳动的深层概念的同时,也应当理解劳动创造,并且要从劳动走向创造。创造是劳动的高级形态,这种高级形态涵盖了个人发展的全过程,我们要通过劳动来创造。在信息化时代,"互联网＋"对劳动提出了新的要求,这是一种新的挑战。随着人工智能时代的到来,人们更应懂得技术是人创造的道理。人与人工智能相比较,最大的优势在于人有无限的想象力。作为人工智能时代的劳动者,人们通过劳动去创造更先进的人工智能,创造更加美好的未来。

### (四)劳动与道德——在劳动中提升道德

美国第十六任总统亚伯拉罕·林肯曾这样评说能力与道德:"能力,让你登上高山,而让你永驻山巅之上的,则是道德。"有道德的人热爱劳动、会劳动,尊重劳动人民,珍惜劳动成果。而高尚的道德则可以提升人对劳动价值与意义的认知,提升劳动者的劳动境界。道德将成为劳动素养持续发展的动力。我们常说,劳动可以改造人,正是这个道理。总之,劳动与道德是相互渗透、相互支撑、相互促进、相辅相成的。劳动价值体认是一种道德价值的提升,劳动价值体认是道德价值体认的一个必不可少的环节。

当下的社会中出现了劳动情感淡漠、劳动观念淡薄、劳动技能薄弱、劳动习惯淡化的现象,反映出一些人在道德认知、道德情感、道德能力、道德行为模式等方面出现了问题。历史经验告诉我们,劳动锻造着人的道德品质。刚毅、坚强、朴实、勤俭、吃苦耐劳等难能可贵的精神与品质无不与劳动有关,它们是劳动馈赠给人类的珍贵礼物。因此,在提升道德水平的过程中,我们应当深刻理解劳动的价值。

## 第三节 大学生劳动教育的途径与意义

劳动教育具有与时俱进的特质。对新时代大学生进行以日常生活劳动、生产劳动和服务性劳动为主要内容的劳动教育,引导他们做到辛勤劳动、诚实劳动、创造性劳动,使劳动教育更加贴近当代大学生的校园生活、家庭生活和社会生活,这是一种以家庭为基础、学校为主导、社会为延伸的三位一体的劳动教育实施途径,具有重要意义。

## 一、大学生劳动教育的途径

### (一)家庭劳动教育:劳动教育的基本途径

一个人的劳动观念、劳动态度、劳动习惯、劳动能力,对劳动知识技能的掌握,对社会关系的认识和处理能力等,在很大程度上,是在参与家务劳动的过程中逐渐形成与获得的。

一般而言,家庭是个人受教育的第一个场所,家长对劳动的态度会直接对孩子产生深刻而持久的影响。不少家长认为学习是孩子的首要任务,忽略了通过劳动进行教育的必要性和重要性,甚至将学习与劳动对立起来。针对大学生的教育,家庭劳动教育不可或缺。在家庭生活中培养劳动能力和习惯,能够使大学生提高动手动脑解决问题的能力,增强抵抗挫折的能力,形成良好的劳动观念和感恩情怀。

家庭劳动教育的方式有很多。比如掌握洗衣、做饭等必要的家务劳动技能,养成爱劳动的好习惯,提高生活自理和自我生存能力;通过家庭收纳、家庭园艺、生活环境布置等提高审美和动手能力;通过各种自我服务的劳动锻炼,提高个人的综合素质,在潜移默化中塑造良好的性格,培养高度的责任意识。

### (二)学校劳动教育:劳动教育的主要途径

当代大学生对劳动的认同度不够高,归根结底是对劳动"是什么""为什么""怎么办"这些基本问题的认识不够清楚。在品德教育结构的"认知""情感""意志""行为"四要素中,"认知"是基础,对人们的情感因素有直接的影响,而情感和意志最终决定着我们的行为。

高等教育对学生的培养分为三个层次:一是培养其认识问题、分析问题和解决问题的能力;二是培养其独立思考的能力;三是培养其形成正确的世界观、人生观、价值观。学校的劳动教育贯穿大学生的整个学习生涯,目的是培养德智体美劳全面发展的当代大学生。把劳动教育纳入人才培养的全过程,对大学生的培养具有不可替代的促进作用。

学校劳动教育的形式主要分为生产劳动和非生产劳动,其中非生产劳动又分为日常生活劳动和服务性劳动。

生产劳动应结合当代大学生的特点和所在地区的实际情况,与专业相结合进行具有针对性的规划,引导大学生参加力所能及的生产劳动,从而丰富职业体验,提高职业技能水平,培养精益求精的工匠精神和爱岗敬业的劳动态度,提升就业创业能力,强化劳动过程中沟通、协商、合作能力,增强集体意识,培育荣誉观念,培养关心、宽容和理解等优良品质。生产劳动的形式多种多样,将教育与生产劳动相结合,可以充分发挥劳动教育在人的全面发展过程中的独特的育人作用。

非生产劳动中的日常生活劳动注重在生活自理方面强化大学生的劳动自立意识,体验持家之道,是促进个人健康发展,适应社会生活的重要基础,主要包括宿舍整理与收纳、个人生活技能培养等内容。

服务性劳动具有较强的时代特征,注重利用知识、技能、工具、设备等为他人和社会提供服务,特别是在公益劳动、志愿服务中强化社会责任,培养良好的社会公德。其中包括参加校内外工会、共青团、妇联等群团组织以及公益基金会、社会福利机构组织的志愿服务和公益劳动,等等。服务性劳动旨在培养个人的公共服务意识,使大学生具有面对重大疫情、灾害等危机时主动作为的奉献精神。

当代大学生是伴随网络成长起来的,网络媒体已经成为他们生活和工作的重要工具,所以高校在利用传统方式如学校公告栏加强劳动教育宣传的同时,还应根据大学生的心理特点与接受习惯,利用网络媒体等拓展劳动教育的方式,增强劳动教育的感染力,让劳动教育在大学生群体中绽放魅力。同时,高校要注重创新教学实践活动的内容,紧跟新时代发展的步伐,创新劳动教育的实践形式,与时代同向同行。

**（三）社会劳动教育:劳动教育的延伸**

当代大学生生活在一个自由与开放的环境中,各种思想文化交汇激荡。大学生的选择越来越多,他们善于并乐于接受新鲜事物,因此社会环境对大学生的影响越来越大。社会文化氛围在大学生劳动价值观的形成和发展中起着"润物细无声"的作用。

社会劳动教育作为劳动教育的一部分,是家庭和学校劳动教育的延伸。进行劳动教育的目的是培养对社会有用的人才,家庭劳动教育和学校劳动教育的效果最终都会在社会劳动中得到检验。社会劳动教育的内容主要包括企业实习、社会实践、农场劳动等。

家庭、学校、社会三类劳动教育的内容不同,大学生在不同的阶段可以有所侧重,但从总体上看,三者都很重要,不可偏废。

习近平总书记在全国教育大会上提出要构建德智体美劳全面发展的人才培养体系,把劳动教育提升到了一个新的高度。我们必须客观看待劳动教育,走出对劳动教育认识的误区和困境,家庭、高校、社会需协同一致,在劳动教育中相互配合,创设全方位的、立体的教育环境,为培养德智体美劳全面发展的社会主义的建设者和接班人而不懈努力。

## 二、大学生劳动教育的意义

### (一)继承发展马克思主义劳动观的客观需要

从一定意义上讲,劳动决定着一个人的世界观、价值观、人生观。

世界观即人们对世界本质的看法。世界是物质的,物质运动是有规律的,脱离劳动与实践,难以树立正确、牢固的世界观。

价值观是人们对事物的看法,包括对真假、好坏、善恶、美丑等的判断。世界观决定价值观,劳动在价值观形成过程中具有决定性作用。如果脱离劳动、脱离实践,不接触社会和群众,就难以继承和发扬马克思主义劳动观。

人生观即人们对人生的看法,特别是对人生的目的、价值与意义的看法。劳动对人的人生观的形成也有决定性作用。人生观中最大的问题是:人为什么而活?为谁而活?一个人如果不劳动、不实践,不接触社会和群众,自我封闭、坐享其成,就会形成为自己而活的自私自利的人生观。

全部社会生活在本质上是实践的。物质生产实践是人类最基本的实践活动,其中的劳动实践则是我们生产和发展最重要的实践形式之一。正确理解"劳动创造了人本身"这一论断,可以使青年大学生正确了解世界、认识自我、认知劳动,树立马克思主义劳动观。

随着社会的发展、科技的进步以及生活水平的提高,资本、知识、技术、信息在生产生活中的作用不断凸显,人们的劳动观念随之发生了很大变化。部分青年对劳动的理解存在偏差,甚至出现好逸恶劳、渴望不劳而获、盲目消费、商品拜物教等现象。为了应对这些问题,劳动教育应着重引导个体树立正确的劳动价值观。一方面,基于马克思的劳动价值理论,我们理解"劳动是财富的源泉",认可"按劳分配"原则,摒弃好逸恶劳、不劳而获的不良思想,对树立正确的劳动价值观大有裨益。另一方面,站在人类社会历史发展的宏观高度以及个体成长成才的微观视角,我们理解劳动对推动历史和个人发展的重要作用,从而形成尊重劳动、热爱劳动的正确价值观念。

通过劳动教育,大学生可以更加深刻地理解世界的本质,认清劳动与社会发展的关系,以科学理性的态度对待劳动和劳动者。

通过劳动教育,大学生可以在了解自然、认识世界的同时,了解人民的疾苦及劳动在社会发展进程中的重大作用,加深我们对社会历史发展的理解,并通过切身的劳动实践,最终形成正确的新时代劳动价值观。

个人的劳动观决定劳动态度,劳动态度影响劳动者的精神面貌。大学的劳动教育可以帮助大学生养成踏实、勤奋、严谨的劳动品质,使他们更好地认识自己、认识世界,夯实基础,服务社会,成为社会主义事业的合格建设者和可靠接班人。

**(二) 构建德智体美劳教育体系的内在要求**

劳动教育是实现全面育人的重要内容,与德育、智育、体育、美育共同组成培养学生全面发展的教育体系。为大学生的幸福人生奠基,是新时代劳动教育的要旨所在。习近平总书记强调,生活靠劳动创造,人生也靠劳动创造。劳动教育是提高大学生综合素质、成就幸福圆满的人生的有效途径。苏联教育家马卡连柯曾指出,劳动永远是人类生活的基础,是创造人类文化幸福的基础。劳动教育通过以劳树德、以劳增智、以劳强体、以劳育美,为成就大学生的幸福人生奠定坚实基础。

以劳树德。劳动教育对于立德树人,促进大学生全面发展具有不可替代的作用。劳动教育可以促进大学生形成勤俭节约、踏实肯干、意志坚定、团结协作的优良品质,使之成为有大爱、大德、大情怀的人。品德修养不是一蹴而就的事,需要在长期的社会实践中、在日常生活的点点滴滴中踏踏实实地磨炼达成。劳动教育对于大学生践行社会主义核心价值观,继承和发展中华优秀传统文化,实现中华民族伟大复兴具有重要意义。

以劳增智。劳动是创造的基础。大学生在劳动中既要动手,又要动脑,这是一种创造性活动,可以培养大学生的创造意识和创造精神。劳动教育可以帮助大学生吸收人类优秀的文明成果,掌握基本的专业技能,形成初步的职业意向,这是大学生基本的生存本领,也是促进大学生全面成长的必修课程。陶铸曾说:"劳动是一切知识的源泉。"课堂上学习的书本知识、理论知识,需要通过实践锻炼得以内化和升华;劳动还能直接为某些知识的学习、观念和情感的形成提供真实情境。

以劳强体。体育就是在劳动的过程中产生的,劳动不能代替体育锻炼,但是劳动可以使人体魄强健,为体育打好基础。与此同时,劳动教育可以促进学生形成健全的人格,锤炼坚强的意志品质,这是大学生的基础素质,也是大学生成才的根基。

以劳育美。苏霍姆林斯基说,人在劳动中创造自己并理解劳动的美。劳动美是人们在生产劳动中形成和表现出的美,是社会美的最基本的内容,它是人自由、自觉的创造活动,是才能、智慧、品格、意志、情感等本质力量最直接、最集中的体现。劳动教育可以引导青年大学生树立正确的审美观,在各种时尚风潮中坚持自己独立的认识和选择。

对大学生而言,劳动教育可以起到以劳育美、以美育人、以文化人的作用,可以陶冶其情操,提高其综合素养。

### (三)落实高校立德树人根本任务的必要途径

马克思说:"我的劳动是自由的生命表现,因此是生活的乐趣。"新时代大学生的劳动教育应当坚持落实立德树人的根本任务,基于新时代发展的特点,结合大学生思想观念实际,依托大学校园丰富的教育资源,与社会密切合作,引领大学生努力劳动、艰苦奋斗,深刻理解"空谈误国、实干兴邦"的道理。

劳动创造伟大,新时代大学生能够通过劳动教育树立知行合一的人生观。当代大学生知识丰富、视野开阔、思维活跃,但是也有部分大学生缺乏劳动意识,浮躁懒惰,耽于幻想,只是学习了一些书本知识,没有实践的检验,缺乏劳动的锻炼。新时代大学生劳动教育,一方面是通过对劳动意义的学习,坚定劳动信念;通过对劳动知识技能的学习,掌握劳动方法;通过对劳动规章的学习,遵守劳动纪律;另一方面,劳动教育鼓励大学生走向田间地头,走向工厂社区,以人民群众为师,以公共服务为业,进行知行合一的劳动实践。

大学生对幸福的理解决定了他们以后的成长道路和成才方向,也决定着他们将来对社会的奉献程度。只有通过劳动教育和劳动实践,培养正确的劳动观和创业择业观,大学生才能形成优秀的品质、意志,形成坚定的、符合社会主义核心价值观的思想观念。

### (四)促进新时代大学生全面发展的应有之义

人生活在现实的社会中,人的全面发展会受到各方面条件的制约,教育就是其中之一。教育对人的全面发展起着重要作用。马克思指出,要改变一般人的本性,使他获得一定劳动部门的技能和技巧,成为发达的和专门的劳动力,就要有一定的教育或训练。马克思主义告诉我们,教育与生产劳动相结合是造就全面发展的人的唯一方法。

从古至今,中国人都非常看重劳动。"勤能补拙""业精于勤,荒于嬉""黑发不知勤学早,白首方悔读书迟",说的都是勤劳的重要性。我们可以从劳动中学习知识,从劳动中创造价值,从劳动中获得快乐,从劳动中感悟幸福。劳动是我们发挥主观能动性去创造世界、改造世界的途径。如果没有劳动,就不会有今天的美好生活和丰富多彩的大千世界。

改革开放以来,中国的发展速度和取得的成就令世界惊叹。中国人的勤奋为世界公认,这是中华民族传承下来的宝贵品质,也是我们全民族所倡导的精神力量。

劳动教育对提高人民的综合素质,促进人的全面发展,增强中华民族的创新创造活力,实现中华民族伟大复兴具有重要意义。习近平总书记明确指出,要以凝聚人心、完善人格、开发人力、培育人才、造福人民为教育目标,培养德智体美劳全面发展的社会主义建设者和接班人,这是促进新时代大学生全面发展的要旨所在。

## 课 后 思 考

1. 谈谈你对劳动价值的理解。

2. 如何理解劳动与社会发展的关系?

3. 面对劳动教育,我们应当从哪些方面来提升自己?

# 第二章　新中国劳动教育的发展历程

【学习目标】

1. 了解新中国成立以来劳动教育的实践进程;

2. 了解新中国成立以来几代领导人关于劳动的重要论述。

【章节导读】

　　马克思指出:"未来教育对所有已满一定年龄的儿童来说,就是生产劳动同智育和体育相结合,它不仅是提高社会生产的一种方法,而且是造就全面发展的人的唯一方法。"本章从实践进程和重要论述两个视角出发,梳理新中国成立以来应社会发展和实践需要,劳动与教育相结合的具体内容,以及在马克思主义劳动观指导下,中国共产党人关于劳动的重要论述,旨在使大学生更加了解劳动教育在经济社会发展和个人成长成才过程中的重要作用。

# 第一节 新中国成立以来劳动
# 教育的实践进程

## 一、1949—1956 年：新民主主义社会向社会主义社会过渡时期的劳动教育

中国的新民主主义社会经历了两个发展阶段：新中国成立以前，新民主主义社会是在局部地区建立起来的，即当时的各个解放区；1949年中华人民共和国的成立，标志着新民主主义革命阶段的基本结束和社会主义革命阶段的开始，我国进入由新民主主义社会到社会主义社会的过渡时期。

### （一）劳动教育的主要表现形式为专业实习，未被列入正式的教学计划

中华人民共和国成立前夕，《中国人民政治协商会议共同纲领》将"爱劳动"列为国民的五项公德之一。徐特立在《论国民公德》中指出，培养与新民主主义时期生产方式相一致的劳动态度，建立劳资两利的和谐劳动关系，是当时以"爱劳动"为国民公德的主要原因。而在劳动公德教育的内容上，他特别提出两点——劳动态度的改变（"不劳动者不得食"）和劳动权的保证（"给劳动者以劳动权"），把劳动的道德、权利、义务三者结合起来，巩固劳动纪律。

1949 年 12 月 23 日—31 日，新中国第一次全国教育工作会议在北京召开。会议提出教育必须为国家建设服务，学校必须为工农开门。会议明确了新中国教育的目的是：为人民服务，首先为工农服务，为当前的革命斗争与建设服务。

1950 年，时任教育部副部长的钱俊瑞在《当前教育建设的方针》中明确指出："为工农服务，为生产建设服务，这就是当前实行新民主主义教育的中心方针。离开这个方针，我们就会出偏差，就会犯错误。"他把

劳动教育作为贯彻"教育为生产建设服务的方针"的重要内容,要通过劳动教育激发民众从事劳动创造的热情和积极性,表扬和普及劳动事业中的发明和创造,组织一切原来不从事劳动生产的人们参加生产劳动并在劳动中改造自己,但他并没有明确提出在学校教育中进行劳动教育。

1950 年,教育部颁布了《高等学校暂行规程》,规定中华人民共和国高等学校的宗旨是:"以理论与实际一致的教育方法,培养具有高级文化水平,掌握现代科学和技术的成就,全心全意为人民服务的高级建设人才。"1952 年 3 月 18 日,教育部颁布的《中学暂行规程(草案)》和《小学暂行规程(草案)》中分别规定:"小学实施智育、德育、体育、美育全面发展的教育。""中学应对学生实施智育、德育、体育、美育等全面发展的教育。"

**(二) 把劳动教育作为解决毕业生就业问题的手段**

经过四年的恢复与发展,1953 年,我国中小学毕业生明显增多,有些地区甚至发生了毕业生因不能如愿升学而游行的情况。对此,中共中央批转教育部《关于解决高小和初中毕业生学习与从事生产劳动问题的请示报告》中明确指出:"目前中、小学毕业生之所以普遍发生紧张的升学问题,主要由于过去几年中央教育部对中、小学教育的指导思想上有忽视劳动教育的倾向,在教学改革中,在教师思想改造中,都没有着重批评鄙视体力劳动和体力劳动者的错误教育思想,也没有向广大群众和学生明确地阐明中、小学教育的性质与任务,使旧中国遗留下来的鄙视体力劳动和体力劳动者的错误教育思想,继续支配着广大教师和学生,这是中、小学教育方针上一个带有原则性的错误,中央教育部应在这方面进行公开的自我批评。"此后,教育部、宣传部等部门就组织不能升学的高小和初中毕业生参加生产劳动的工作陆续出台了一系列政策,组织了多样化的劳动教育活动。

**(三) 生产技术教育成为劳动教育的重要内容**

针对当时劳动教育的实践形态,1955 年教育部发布的《关于初中和高小毕业生从事生产劳动的宣传教育工作报告》指出："过去一年,很多学校采取参观工厂、农场、农业生产合作社,访问劳动模范,请劳动英雄作报告,和劳动青年联欢,阅读有劳动教育意义的读物、参加体力劳动活动等方式在课外对学生进行劳动教育,收到了很好的效果。但是在通过课堂教学经常地进行劳动教育就做得较差。今后,除应注意课外的劳动教育外,必须学会在课堂教学中贯彻劳动教育,并且还要善于使两者结合起来进行。再有,一般学校进行劳动教育,都着重在思想方面,这当然是很重要的,但是对工农业生产的基础知识的教育是注意很差的。今后进行劳动教育,除注意培养劳动观点和劳动习惯外,还应注意进行综合技术教育,使学生从理论上和实践上懂得一些工农业生产的基础知识。"此后,生产技术教育开始成为劳动教育的重要内容,并将其与智育、德育、体育、美育"四育并举"写进了1955年《关于小学课外活动的规定的通知》中。1955年,全国文教会议决定在中小学实施基本的生产技术教育,以更完整地体现全面发展的教育方针。同年9月,教育部颁布的小学教学计划及说明等文件中规定,小学一至六年级开设手工劳动课,每周1课时。教学目的是使学生获得一些基本的生产知识,学会使用一些简单的生产工具,发展创造才能,并养成正确的劳动态度。1956年,教育部制发的《1956—1957学年度中学授课时数表》《关于普通学校实施基本生产技术教育的指示(草案)》对生产技术教育每周的上课时间、具体要求都作了明确的规定。

"三大改造"时期,劳动教育作为缓解中小学毕业生的升学压力、动员毕业生就业的手段,受到了党中央的高度重视。此时的劳动教育不仅强调对劳动态度、劳动观念的教育,而且开始注意根据工农业的发展形势进行生产技术教育,初步建构了系统的生产劳动技术教育体系。但这些政策的执行效果并不理想。一方面,面对升学无望,最终还要回乡劳动的境况,很多中小学生家长选择了让孩子辍学。根据河北、辽宁等12省的报告,1956年初,中学生辍学人数比例一般都在10%上下,有些学校辍学人数甚至占到了在校生总数的 50% 以上。[①] 可见,轻视体力劳动的社会思想在当时并未真正改变,当接受学校教育无法改变从事体力劳动的命运时,很多人还是选择了辍学。另一方面,就劳动技术教育而言,当时虽然搭建了非常理想的劳动技术教育体系,但也因受制于大多数学校的教学条件而无法真正实施。

## 二、1957—1977 年:社会主义探索时期的劳动教育

1956 年,我国进入全面社会主义建设时期,教育事业的发展极为迅速。据统计,1956 年,在校小学生达 6 346.6 万人,是 1949 年的 2.6 倍;初中生 438.1 万人,是 1949 年的 5.3 倍;高中生 78.4 万人,是 1949 年的 3.8 倍;中等技术学校学生 53.9 万人,是 1949 年的 7 倍;大学生 40.3 万人,是 1949 年的 3.5 倍。[②] 为此,1957 年,毛泽东同志针对生产资料方面的社会主义改造完成以后的形势,在《关于正确处理人民内部矛盾的问题》中明确提出:"我们的教育方针,应该使受教育者在德育、智育、体育几方面都得到发展,成为有社会主义觉悟的有文化的劳动者。"由此,确立了培养劳动者的教育目标。在这一方针指引下,全国开展了勤工俭学、教育与生产相结合的教育改革。

毛泽东同志提出培养"有社会主义觉悟的有文化的劳动者"的目标是符合当时中国发展需要的。但是,由于当时要突出解决的是学生的政治方向和毕业后参加生产劳动的问题,而对政治的理解又局限于搞阶级斗争,对生产劳动的理解又主要是从事体力劳动,这样在实践中贯彻教育方针时,就出现了"左"的偏差。从 1957—1966 年教育部、宣传部颁布的一系列关于劳动教育的文件中,毛泽东、刘少奇等党和国家领导人关于教育工作的一系列讲话中可以看出,当时的劳动教育在理念层面表现出如下特点。

---

① 何东昌:《中华人民共和国重要教育文献:1949—1975》,海南出版社 1998 年版。
② 李庆刚:《正确处理人民内部矛盾探索中的制度创新:论刘少奇"两种教育制度、两种劳动制度"思想的形成》,《北京党史》2017 年第 3 期。

### （一）把劳动教育视为阶级斗争的工具

1958 年 6 月,时任教育部部长的陆定一在全国教育工作会议上的讲话中强调"教育与劳动结合,是教育革命的主要内容之一"。8 月,陆定一又发表了经毛主席审定的《教育必须与生产劳动相结合》一文,将是否坚持"教育与生产劳动结合"视为教育战线上资本主义和社会主义两条路线斗争的表现。同时,还规定"在一切学校中,必须把生产劳动列为正式课程。每个学生必须依照规定参加一定时间的劳动"。他认为,在社会主义国家中,资产阶级分子不敢明目张胆地反对党的领导,但会虚伪地主张"为教育而教育,劳心与劳力分离,教育由专家领导",鼓吹"教育就是读书,读书愈多的人就愈有知识,有书本知识的人就高人一等。至于生产劳动,尤其是体力劳动和体力劳动者,那是下贱的",以此来毒害青年学生。因此,我党必须旗帜鲜明地坚持"教育为工人阶级的政治服务,教育与生产劳动相结合;为了实现这个方针,教育必须由共产党领导"。劳动教育在当时主要是作为消除体脑分工、进行阶级改造的政治手段而备受重视。

### （二）把劳动教育作为解决教育经费问题的手段

1957 年上半年,刘少奇同志就中小学生升学难问题进行全国调查,发现很多家庭无力负担子女上学,由此萌生了提倡勤工俭学、开展课余劳动的想法,并将此视为"解决学生学习费用困难和普及教育的一个重要途径"。1958 年 1 月,《人民日报》发表社论《两个好榜样》,倡导为节约国家开支、保证学生的生活需要,最好的办法就是提倡勤工俭学,使学生以自己的劳动收入解决自己全部或一部分学习和生活的费用。此后不久,共青团中央发出了《关于在学生中提倡勤工俭学的决定》,时任教育部副部长董纯才也做了《加强思想教育、劳动教育,提倡群众办学、勤俭办学》的教育工作报告,这样,劳动教育被确定为勤俭办学、勤俭建国,"多快好省"建设社会主义的一个重要途径。

### （三）把劳动教育视为解决理论脱离实际问题的根本方式

早在 1942 年中央党校开学典礼上,毛泽东同志就强调世上"有两种不完全的知识,一种是现成书本上的知识,一种是偏于感性和局部的知识,这二者都有片面性。只有使二者互相结合,才会产生好的比较完全的知识";并强调"真正的理论在世界上只有一种,就是从客观实际抽出来又在客观实际中得到了证明的理论"。1965 年,在杭州会议上,毛泽东同志更是言辞激烈地批评了学校教育理论脱离实际的问题。他说:"现在这种教育制度,我很怀疑。从小学到大学,一共十六七年,二十多年看不见稻、粱、菽、麦、黍、稷,看不见工人怎样做工,看不见农民怎样种田,看不见商品是怎样交换的,身体也搞坏了,真是害死人。"在毛泽东同志这一思想指导下,劳动教育被视为"贯彻用手与用脑、学习与劳动、生产与教育、理论与实际密切结合的原则"的必由之路,被当作让学生获得比较完全的知识,成为全面发展的人、"又红又专"的人、工人化的知识分子、知识分子化的工人的唯一方法。

显然,1957—1966 年,劳动教育的政治意义、经济意义和认识论意义都被提升到前所未有的高度,在实践中也开始以一种前所未有的姿态被强势推进。在课程设置上,"一切学校,均把生产劳动列为正式课程,并在不同时期,根据实际情况,对不同级类学校、年级,每周、每月、每学年的劳动时间作明确规定,同时开设了属于教育与生产劳动相结合范畴的多门课程。如小学的生产常识、手工、劳动课;中学的生产知识课和劳动课"。特别是 1958 年以后,学校办工厂、工厂办学校、勤工俭学、半工半读、边学习、边劳动,劳动人民知识化、知识分子劳动化,成为席卷全国的热潮。应该说,根据当时国情,适度推动勤工俭学、半工半读,适当组织学生参加生产劳动,接受教育和锻炼,并形成一定的制度,是完全必要的。但在"大跃进"的极"左"思潮下,勤工俭学、半工半读的劳动教育很快就变成了一种狂热,甚至将勤工俭学异化为勤工"减"学,"工"即"学",以"劳"代"学"了。

"文化大革命"期间,我国的教育事业受到严重的冲击。这一时期看似非常重视劳动教育,但劳动教育的意义已经发生变化,其政治意义被过度拔高。只重视劳动而不重视教育,甚至把学习与劳动对立起来、把脑力劳动与体力劳动对立起来、把知识分子与工农群众对立起来,使劳动教育不能正常进行。

## 三、1978—1999 年:改革开放后到 20 世纪末的劳动教育

十一届三中全会后,伴随着党的工作重心的战略性转移,教育界对新时期脑力劳动与体力劳动的关系、教育与生产劳动的结合、劳动教育在全面发展教育中的地位等问题进行了深入讨论。

### (一) 从现代化建设的高度恢复教育与劳动结合的本义

马克思主义认为,"教劳结合"指的是现代学校教育和教学同现代机器大工业的生产劳动相结合,通过这样的教育和结合,不仅能使受教育者掌握现代社会所必需的基本的综合技术素养,而且能使他们的精神情操受到陶冶,在知识和技能方面得到充实和提高,从而促进人的智力和体力的和谐发展。所以,现代教育同现代生产结合,是提高社会生产的必然途径,同时,也是造就全面发展的人的根本方法。但在 1949 年以后的二三十年间,中国经济生产方式仍以体力劳动和手工劳动为主,在这种情况下,如果生硬地推行教劳结合、体脑结合,必然会冲击或拉低现代生产知识和技术教育的水平。所以,改革开放以后,党中央致力于重塑尊重知识、尊重人才的社会风气。

1981 年 6 月,党的十一届六中全会通过《关于建国以来党的若干历史问题的决议》,明确提出要坚决扫除长期存在,而在"文化大革命"期间登峰造极的那种轻视教育科学文化和歧视知识分子的完全错误的观念,要坚持德智体全面发展、"又红又专"、知识分子与工人农民相结合、脑力劳动与体力劳动相结合的教育方针。可见,随着以经济建设为中心的基本路线确立,党的教育方针也作出了相应的调整。在新方针的表述中去掉了"必须为无产阶级政治服务"的说法,并用"脑力劳动和体力劳动相结合、知识分子与工人农民相结合"取代了以往"必须与生产劳动相结合"的表述。

## （二）对是否以及如何坚持教育与劳动相结合的问题进行了深入的讨论

1978 年 4 月，邓小平同志在全国教育工作会议上的讲话中特别指出，为了培养社会主义建设需要的合格人才，我们必须认真研究在新的条件下，如何更好地贯彻教育与生产劳动相结合的方针，各级各类学校对学生参加什么样的劳动，怎样下厂下乡，花多少时间，怎样同教学密切结合，都要有恰当的安排。更重要的是整个教育事业必须同国民经济发展的要求相适应。我们的国民经济是有计划按比例发展的，我们培养训练专门家和劳动后备军，也应该有与之相适应的周密的计划。显然，在邓小平同志看来，新时期坚持教育与生产劳动相结合主要不是学校教育内部加强劳动教育的问题了，而是宏观层面上整个教育事业必须与国民经济发展相适应的问题。

同时，伴随着教育上的拨乱反正，学术界也对"两个必须"教育方针提出了质疑。萧宗六、潘益大等学者认为"两个必须"的教育方针带有浓厚的阶级斗争色彩，基本上是以阶级斗争为纲的产物，没有反映教育工作内在的固有规律，没有反映教育与生产力、现代化建设的关系，所以需要修改、完善或更新。这一意见反映在 1985 年《中共中央关于教育体制改革的决定》中，"教育必须为社会主义建设服务，社会主义建设必须依靠教育"的说法正式取代了"教育必须为无产阶级政治服务"的说法，成为我国教育方针的基本构成要素。同时，在 1983—1989 年间的中央文件和重要领导人讲话中也很少见到"教育必须与生产劳动相结合"的说法，常见的表述是"脑力劳动和体力劳动相结合、知识分子与工农群众相结合"。社会主义现代化建设的宏伟任务，要求我们不但必须放手使用现有人才，而且必须极大地提高全党对教育工作的认识，面向现代化、面向世界、面向未来，为 20 世纪 90 年代以至 21 世纪初叶我国经济和社会的发展，大规模地储备新的能够坚持社会主义方向的各级各类合格人才。所有这些人才，都应该有理想、有道德、有文化、有纪律，热爱社会主义祖国和社会主义事业，具有为国家富强和人民富裕而艰苦奋斗的献身精神,都应该不断追求新知,具有实事求是、独立思考、勇于创造的科学精神。文件规定了教育的战略地位、性质和任务,提出了"三个面向""四有新人"等具体要求及具体规范。

1993 年 2 月,中共中央、国务院印发的《中国教育改革和发展纲要》(简称《纲要》)提出:各级各类学校要认真贯彻"教育必须为社会主义现代化建设服务,必须与生产劳动相结合,培养德、智、体全面发展的建设者和接班人"的方针,努力使教育质量在 20 世纪 90 年代迈上一个新台阶。《纲要》强调:"加强劳动观点和劳动技能的教育,是实现学校培养目标的重要途径和内容。各级各类学校都要把劳动教育列入教学计划,逐步做到制度化、系列化。社会各方面要积极为学校进行劳动教育提供场所和条件。"在这一精神的指导下,1994 年 7 月,国家教委印发了《实行新工时制对全日制小学、初级中学课程(教学)计划进行调整的意见》和《实行新工时制对高中教学计划进行调整的意见》,文件作了如下规定:小学在三、四、五、六年级开设劳动课,每周 1 课时,共 136 课时。初中各年级开设劳动技术课,每周 2 课时,共 220 课时。高中各年级开设劳动技术课,每学年 4 周,共 12 周;另设社会实践活动课,每学年 2 周,在劳动技术课、课外活动或学科教学活动的时间内安排。这是第一次在高中必修课中设置社会实践活动课,以此作为劳动技术课的内容之一。

对此,原国家教委主任何东昌在《20 年来我国教育思想的深刻变革》中曾作过阐释:"1978 年以后,教育界对 1958 年中央关于教育工作的指示中提出的教育方针,即教育为无产阶级政治服务,与生产劳动相结合的方针,有不同的认识。曾经一段时间内缺乏一个简明、系统的关于教育方针的表述……为此教育学会曾进行过一系列研讨,研讨的意见被吸收到《中国教育改革和发展纲要》中,后来又被列入了《教育法》。"[1]

---

① 何东昌:《中华人民共和国重要教育文献:1998—2002》,海南出版社 2003 年版。

### （三）劳动教育被表述为全面发展教育的组成部分之一

1986 年,时任国务院副总理兼国家教委主任的李鹏,在第六届全国人民代表大会第四次会议上做了《关于中华人民共和国义务教育法(草案)的说明》。在贯彻党的教育方针方面提出"应当贯彻德、智、体、美全面发展的方针,适当进行劳动教育,使青少年儿童受到比较全面的基础教育",明确将劳动教育作为"比较全面的基础教育"中的一部分。同年 10 月,时任国家教委副主任的彭珮云在中学德育大纲研讨会上的讲话中提出,把德育作为德、智、体、美、劳五育全面发展的一个有机组成部分,使五育互相配合、互相渗透。此后,国家教委颁发的一系列文件,如《关于开展课余体育锻炼,提高学校体育运动技术水平的规划》(1986～2000)、《全日制盲校小学教学计划(初稿)》《国家教育委员会、共青团中央关于加强少年宫工作的意见》均出现过"五育并举"的表述。但 1993 年《中国教育改革和发展纲要》颁布以后,这一表述统一为"培养德、智、体全面发展的社会主义建设者和接班人"。1995 年,《中华人民共和国教育法》正式颁布,明确了"培养德、智、体等方面全面发展的社会主义建设者和接班人",并规定教育必须与生产劳动相结合。自此,这一方针以法律的形式确定下来。它规定了我国未来教育的性质、方向、途径、目标及其规格,对我国教育发展产生了重大而深远的影响。

对"五育"变"三育"的原因,时任国务院副总理的李岚清曾这样解释:"政治局讨论这个问题时认为,德、智、体全面发展的方针是属于我们党的重大方针,已坚持多年,在实践中证明是正确的,行之有效的,已为教育界,甚至全党全民普遍熟悉和认同,应该一以贯之。然而,这绝不意味着可以忽视美育和劳育。德育的范围很广,应该包括美育,劳育也应当包括在德育和体育里面。""因为,除德、智、体、美、劳,还有其他的……但这些内容都可以归到德、智、体里面去,是广义的德、智、体。"基于这些考虑,20 世纪 90 年代后,中央倾向于将劳动教育视为包含在广义的德育、智育和体育之内的要素。

1999 年 6 月颁发的《中共中央国务院关于深化教育改革,全面推进素质教育的决定》提出,我国的教育目的是"以培养学生的创新精神和实践能力为重点,造就有理想、有道德、有文化、有纪律的德、智、体等方面全面发展的社会主义建设者和接班人"。文件增加了"热爱劳动的习惯"和"艰苦奋斗的精神"等内容,提出"学校教育不仅要抓智育,更要重视德育,要加强体育、美育、劳动技术教育和社会实践,使诸方面教育相互渗透、协调发展,促进学生的全面和健康成长",强调"劳"在社会实践活动中的重要地位,强调各级各类学校要加强和改进对学生的生产劳动与实践的教育。

## 四、2000—2012 年:全面建设小康社会以来的劳动教育

### (一)劳动的创造价值得到彰显,重视对劳动者的人本关怀

21 世纪以来,我国进入了全面建设小康社会、加快推进社会主义现代化建设的新的发展阶段。党中央站在新的历史高度重新诠释了新时期劳动的内涵。一方面,劳动的创造价值高度彰显,劳动光荣、创造伟大成为时代强音。面对信息时代的来临、知识经济的到来,江泽民同志在党的十六大报告中深刻指出,创新是一个民族进步的灵魂,是一个国家兴旺发达的不竭动力,并将"尊重劳动、尊重知识、尊重人才、尊重创造"明确为党和国家的一项重大方针。从此以后,"四个尊重"被写进了党的十七大、十八大报告,并在党的十九大以后被写入新修订的《中国共产党章程》中。可以说,"四个尊重"是马克思主义"劳动创造一切"观点的延伸与发展,是邓小平同志"尊重知识、尊重人才"思想在新时期的进一步丰富与拓展。尊重创造,是尊重劳动的重要诉求。劳动贵在创造,没有创造,劳动只能是简单的重复;创造离不开劳动,没有劳动,创造只能是纸上谈兵。尊重劳动、尊重创造,又离不开尊重知识、尊重人才。可见,尊重知识、尊重人才、尊重创造,与尊重劳动具有内在一致性,是现代社会尊重劳动的必然要求。

除此之外,对劳动者的人本关怀成为新时期中国共产党执政的重要价值取向。在党的十六大报告中,江泽民同志创造性地提出"有

益劳动"的概念,明确"要尊重和保护一切有益于人民和社会的劳动",而"一切合法的劳动收入和合法的非劳动收入,都应该得到保护"。胡锦涛同志在 2010 年全国劳动模范和先进工作者表彰大会上的讲话中重申了"劳动最光荣、劳动者最伟大"的思想,提出了"体面劳动"的概念,并在党的十七大和十八大报告中将改善民生作为社会建设的重点。

### (二)坚持教育与生产劳动和社会实践相结合

与新时期劳动的新内涵相适应,进入 21 世纪后,党的教育方针也作了相应的调整。1996 年 6 月,江泽民同志在第三次全国教育工作会议上指出:"必须全面贯彻党的教育方针,坚持教育为社会主义、为人民服务,坚持教育与社会实践相结合,以提高国民素质为根本宗旨,以培养学生的创新精神和实践能力为重点,努力造就'有理想、有道德、有文化、有纪律'的德育、智育、体育、美育等全面发展的社会主义事业建设者和接班人。"根据江泽民同志的此次讲话和 2000 年《关于教育问题的谈话》精神,国务院于 2001 年发布的《关于基础教育改革与发展的决定》中,将"坚持教育必须为社会主义现代化建设服务,为人民服务,必须与生产劳动和社会实践相结合,培养德智体美等全面发展的社会主义事业建设者和接班人"作为 21 世纪基础教育改革与发展的基本方针。这一表述既继承了我国教育方针的原有内涵,又融入了国家领导人新时期的新思想,成为全面建设小康社会时期我国教育方针的新表述,正式写入党的十六大报告和 2015 年 12 月 27 日修订发布的《中华人民共和国教育法》中。

将"为人民服务"纳入教育方针,充分体现了我党"立党为公、执政为民"的人本理念。此外,教育方针强调教育不仅要与生产劳动相结合,更要与社会实践相结合。"教育与生产劳动和社会实践相结合"是新时期"教育与生产劳动相结合"理念的进一步丰富和拓展。因为"社会实践更注重对知识的运用和创新。社会实践的过程就是对思想意识和知识的检验、运用和创新的过程",而且社会实践的"含义更广更贴近时代和现实,在信息社会它不仅包括生产劳动、科学活动,同时还包括各种第三产业的社会活动"。所以,它更能体现新时期劳动实践的多样性和劳动创造的无限空间。

### (三)综合实践活动拓展了劳动教育的范畴

在劳动教育的实践形态上,伴随信息社会与知识经济的来临,劳动教育的技术之维更加凸显。

进入 21 世纪以后,随着劳动的时代内涵不断丰富,劳动教育的外延也在不断拓展,从"教育与生产劳动相结合"拓展为"教育与生产劳动和社会实践相结合";从劳动技术课拓展为包括信息技术、通用技术、生产技术、职业技术、社会服务与社会实践、研究性学习等内容的庞杂的综合实践活动课。但这种外延的不断拓展也导致劳动教育的实质内涵日益模糊不清,并与实践相背离的局面。多项研究表明,这种拓展实际上造成了劳动教育课程的地位下降、课程目标不明、课时难以保证、课程设施与场地转作他用等问题。再加上对综合实践活动这种全新课程形态本身缺乏深入的研究,对其内部的四大学习领域之间是什么关系、从小学到高中贯彻十二年的课程体系该如何相互衔接等问题都缺乏深入的思考与设计,这些问题直接导致了劳动教育在实际执行时无名分无标准、无目标无根基。

此外,对劳动者的人本关怀成为这一时期中国共产党越来越明确的执政理念之一,但 21 世纪劳动教育在关注技术之维的同时,却有忽视人本之维的问题。实际上,随着社会的进步与发展,体力劳动者可以变得越来越有文化,生活越来越丰富多彩,劳动的技术含量、劳动者的收入和社会地位越来越高。因此,教育广大青少年形成正确的劳动观,正确认识社会的劳动领域和劳动群体的发展势态,由衷热爱与尊重体力劳动和体力劳动者,为建构一个所有"劳动者参与发展、分享发展成果"的公平正义的社会而奋斗,也应成为当代劳动教育的重要目的之一。

## 五、2013 年以来：新时代的劳动教育

### （一）"崇尚劳动""热爱劳动""劳动光荣"等成为新时代劳动教育的重要价值取向

党的十八大以来，以习近平总书记为核心的党中央将"坚持社会公平正义，排除阻碍劳动者参与发展、分享发展成果的障碍，努力让劳动者实现体面劳动、全面发展"作为施政的目标之一，将"人民日益增长的美好生活需要和不平衡不充分的发展之间的矛盾"视为中国特色社会主义进入新时代后我国社会的主要矛盾，强调"坚持以人民为中心的发展思想，不断促进人的全面发展、全体人民共同富裕"。

中国特色社会主义进入了新时代，这个新时代是承前启后、继往开来，在新的历史条件下继续夺取中国特色社会主义伟大胜利的时代。习近平新时代中国特色社会主义思想在充分继承原有理念的基础上，进一步发展了马克思主义劳动观，开创了新时代中国特色社会主义劳动观的新境界。习近平总书记关于劳动的重要论述回应了新时代的重大关切，包含了"实干兴邦"的劳动实践观、"民族复兴"的劳动发展观、"崇尚劳动"的劳动价值观、"热爱劳动"的劳动教育观等丰富内涵，成为推动党和人民事业发展的强大的思想武器和具体的行动指南。2015年，习近平总书记在"五一"讲话时指出："劳动是人类的本质活动，劳动光荣、创造伟大是对人类文明进步规律的重要诠释。一切劳动，无论是体力劳动还是脑力劳动，都值得尊重和鼓励，任何时候任何人都不能看不起普通劳动者。"

### （二）劳动教育内容的选择重在其育人性，注重劳动教育的时代性

习近平总书记对培养广大青少年深厚的劳动情怀抱有殷切期待，要"在学生中弘扬劳动精神，教育引导学生崇尚劳动、尊重劳动，懂得劳动最光荣、劳动最崇高、劳动最伟大、劳动最美丽的道理，长大后能够辛勤劳动、诚实劳动、创造性劳动"；要"通过各种措施和方式，教育引导广大青少年牢固树立热爱劳动的思想，牢固养成热爱劳动的习惯，为祖国

培养一代又一代勤于劳动、善于劳动的高素质劳动者"。这些重要论述从劳动创造的功能角度强调了对孩子们自小开始进行劳动教育的必要性。

2018 年 5 月,习近平总书记在同北京大学师生座谈时明确指出,人才培养体系必须立足于培养什么人、怎样培养人这个根本问题来建设,可以借鉴国外有益做法,但必须扎根中国大地办大学。人才培养体系涉及学科体系、教学体系、教材体系、管理体系等,而贯通其中的是思想政治工作体系。2018 年 9 月 10 日,习近平总书记在全国教育大会上指出,要努力构建德智体美劳全面培养的教育体系,形成更高水平的人才培养体系。要在学生中弘扬劳动精神,教育引导学生崇尚劳动、尊重劳动,懂得劳动最光荣、劳动最崇高、劳动最伟大、劳动最美丽的道理,长大后能够辛勤劳动、诚实劳动、创造性劳动。习近平总书记强调,要教育引导广大青少年牢固树立热爱劳动的思想,牢固养成热爱劳动的习惯,为祖国发展培养一代又一代勤于劳动、善于劳动的高素质劳动者。要教育孩子们从小热爱劳动、热爱创造,通过劳动和创造播种希望、收获果实,也通过劳动和创造磨炼意志、提高自己。实现中华民族伟大复兴是近代以来中华民族最伟大的梦想,是中国共产党人的初心和使命。我国社会的主要矛盾已经由人民日益增长的物质文化需要同落后的社会生产之间的矛盾,转化为人民日益增长的美好生活需要和不平衡不充分的发展之间的矛盾。要解决这些矛盾,实现中华民族伟大复兴的中国梦,必须靠大家的劳动,全国人民都要重视劳动,参与劳动,因为劳动开创未来,劳动是推动人类社会进步的根本力量。

**（三）劳动教育强化实践育人,坚持教育同生产劳动和社会实践相结合**

切实加强劳动教育,努力把广大青少年培养成勤于劳动、善于劳动、热爱劳动的高素质劳动者,是新时代党和国家对教育的根本要求。2015 年 8 月,教育部联合共青团中央、全国少工委印发了《关于加强中小学劳动教育的意见》,旨在通过劳动教育,提高广大中小学生的劳动素养,促进他们形成良好的劳动习惯和积极的劳动态度,修正不良的劳动价值观,培养他们勤奋学习、自觉劳动、勇于创造的精神,为他们终身发展和人生幸福奠定基础。2015年12月27日,第十二届全国人大常委会第十八次会议表决通过了关于修改《教育法》《高等教育法》的决定,这意味着对施行了21年的《教育法》和17年的《高等教育法》同时做出修订。修订后的《高等教育法》第四条新增了"为人民服务"与"社会实践"相结合等内容,第五条关于高等教育任务的表述中增加了"社会责任感"的要求。这一修订既是对高等教育发展改革进程中出现的矛盾和问题的制度性回应,又体现了立法需与时俱进的法治精神,更是对我国高等教育未来改革发展方向的制度性引领,彰显了我国高等教育改革发展的价值取向。从这些法律条款表述的变化中,我们可以看出,高等教育作为国家教育事业的重要组成部分,不能仅仅满足于对其工具合理性的追求,更要强调对其价值合理性的追求,这一价值追求就是为人民服务。

在马克思看来,生产劳动同智育和体育相结合,不仅是提高社会生产的一种方法,而且是造就全面发展的人的唯一方法。著名教育家陶行知也曾指出:"劳动教育的目的,在谋手脑相长,以增进自立之能力,获得事物之真知及了解劳动者之甘苦。"这强调了劳动发挥着塑造健全人格、磨炼顽强意志、锤炼高尚品格的重要育人作用。习近平总书记在全国高校思想政治工作会议上进一步强调,要强化实践育人,坚持教育同生产劳动和社会实践相结合,让广大青少年在投身实践、亲身参与中认识国情、了解社会,在增长才干和磨炼意志的过程中感受劳动带来的收获和乐趣,进而形成尊重劳动、热爱劳动的真挚情感。

# 第二节　中国特色社会主义劳动观

## 一、毛泽东关于劳动的重要思想

毛泽东深受中西文化中劳动思想的影响,并经过青年时期的激荡、革命时期的升华、新中国成立初期的探索,形成了自己的劳动思想。他强调教育必须与生产劳动相结合。这反映了中国革命和建设的具体要求，对中国社会主义事业的开创和建设起到了促进和推动作用，为马克思主义劳动观中国化做出了重要贡献。

**（一）重视劳动生产在革命和经济建设中的作用**

无论是在革命战争年代还是和平时期，毛泽东都十分重视劳动生产。他指出："生产运动不但过去要，现在要，将来还是要，这是生产运动的永久性的根据。"在革命战争年代，毛泽东主张通过生产劳动来实现部队的自给自足，满足部队的吃、穿、用等日常的生活必需，批判那些不注意动员人民、帮助人民发展生产渡过难关，而只知道向人民伸手要东西的错误作风。在抗日战争时期，中国共产党曾经在生活必需品供给方面遇到极大困难，毛泽东认为革命军队能渡过这一难关，主要是"由于我们下决心自己动手，建立了自己的公营经济。边区政府办了许多的自给工业；军队进行了大规模的生产运动"。在1943年10月1日关于《开展根据地的减租、生产和拥政爱民运动》的指示中，毛泽东多次强调要组织党政军和人民群众开展生产运动，他要求"各级党政军机关学校一切领导人员都须学会领导群众生产的一全套本领。凡不注重研究生产的人，不算好的领导者。一切军民人等凡不注意生产反而好吃懒做的，不算好军人、好公民。"

新中国成立后，毛泽东对劳动的重视从农业生产拓展到包括农业、工业、手工业和商业在内的社会生产各个领域，他认为生产劳动是维持和巩固人民政权的根本途径。面对当时城市中工业陷于停顿的状态，工人失业、劳动群众生活水平降低的困境，毛泽东提出要求，"我们的同志必须用极大的努力去学习生产的技术和管理生产的方法，必须去学习同生产有密切联系的商业工作、银行工作和其他工作"。毛泽东还指出："如果我们在生产工作上无知，不能很快地学会生产工作，不能使生产事业尽可能迅速地恢复和发展，获得确实的成绩……那我们就不能维持政权，我们就会站不住脚，我们就会要失败。"此外，毛泽东对劳动生产的重视直接与国家实现工业化的目标紧密联系，他强调要注意节省工业生产的成本,提高劳动生产率,并明确这是实现工业化的手段与途径。

### (二) 重视知识分子的劳动及其作用

马克思的科学劳动价值论,主张创造商品价值的过程包括体力劳动和脑力劳动。他指出:"劳动过程把脑力劳动和体力劳动结合在一起了。"但在对待体力劳动和脑力劳动问题上,我们党在幼年时期曾经犯过"关门主义"错误,给革命造成了不利影响。毛泽东在《文艺工作者要同工农兵相结合》的报告中指出:"那个时候,我们……在知识分子问题上又犯过错误,轻视知识分子,认为知识分子似乎没有好多用处,要是不犯这些错误,情况也许会好一些。"革命的失败和惨痛的教训,使毛泽东深刻认识到知识分子也是革命的重要力量,毛泽东明确指出:"在建立新中国的伟大斗争中,共产党必须善于吸收知识分子,才能组织伟大的抗战力量……没有知识分子的参加,革命的胜利是不可能的。"新中国成立后,毛泽东依旧重视脑力劳动者的作用,强调"没有知识分子,我们的事情就不能做好,所以我们要好好地团结他们"。

毛泽东对中国几千年来教育脱离劳动的实际状况进行了批判,在他看来教育应当以社会的发展、人类的需求为导向,学生仅学习书本上的知识是具有很大局限性的,教育发挥作用的关键还是要教导学生善于将书本上的知识应用到生活的实际当中,达到"知识分子劳动化,劳动人民知识化"的目的,即将脑力劳动与体力劳动相结合。他认为,青年学生和工农结合,参加生产劳动,是改造世界观和学到实际技术知识的重要途径。他号召广大青年学生和工农结合,参加生产劳动,这样学生不仅仅学习了书本上的知识,还将书本上的知识应用到生活的实际当中,既拓展了知识面,又进行了劳动锻炼,最终就能够成为有知识有文化的劳动者。

毛泽东对知识分子的劳动及其作用的重视,说明他既强调体力劳动,又重视脑力劳动,这是对马克思主义"脑体合一"基本理论的坚持与发展。

### （三）重视提高劳动生产率

毛泽东重视劳动，强调提高劳动生产率对于社会主义经济建设的重要作用，认为这是实现国家富强、人民生活富裕的重要途径。他说："任何社会主义的经济事业，必须注意尽可能充分地利用人力和设备，尽可能改善劳动组织，改善经营管理和提高劳动生产率。"毛泽东认为，在发展生产和提高劳动生产率方面，社会主义比资本主义更具有优势，但是苏联的工农业劳动生产率，现在还没有超过美国，我们则差得更远。人口虽多，但是劳动生产率远远比不上人家，还要继续紧张地努力若干年，分几个阶段，把我们的国家搞强大起来，使我们的人民进步起来。因此，他强调要充分发挥物质技术、文化教育和政治思想工作等因素在提高劳动生产率中的作用。

## 二、邓小平关于劳动的重要论述

20 世纪 80 年代以来，和平与发展成为时代主题，科学技术在推动生产力发展中的作用日益突出，各国都竞相利用新技术革命增强经济实力。邓小平以马克思主义为指导，结合当时国内国际形势，提出我国必须抓紧新技术革命提供的良好契机来发展自己，增强国际竞争力。在继承马克思主义劳动观的基础上，他进一步提出了科学技术是第一生产力，要尊重知识和尊重人才的劳动观。

### （一）突出生产力在社会主义中的重要地位

马克思很早就指出生产力在社会变革中的根本地位，认为劳动实践是推动人类历史形成与发展的根本力量。邓小平在总结历史经验时就清晰地认识到社会主要矛盾的变化，他指出："我们的生产力发展水平很低，远远不能满足人民和国家的需要，这就是我们目前时期的主要矛盾。"邓小平通过对历史经验的总结，指出要摆脱贫穷，取得经济的快速发展，就必须发展生产力，这才是真正的马克思主义。他说："马克思主义的基本原则就是要发展生产力……社会主义的首要任务是发展生产力，逐步提高人民的物质和文化生活水平。"邓小平在"南方谈话"中指出,社会主义的本质是解放生产力,发展生产力,消灭剥削,消除两极分化,最终达到共同富裕,社会主义的优越性就在于生产力比资本主义发展得高一些,快一些,太慢不是社会主义,社会主义首先要发展生产力等。他把生产力发展同社会主义联系起来,把是否促进生产力的发展看作社会主义和资本主义的本质区别,将我们对生产力的地位和作用的认识提高到一个新的水平。邓小平强调通过解放发展生产力来满足人民日益增长的物质与精神需求,实现劳动者的自由与发展,进而巩固社会主义制度。

邓小平还认为,要发展生产力,靠过去的经济体制不能解决问题,只搞计划经济会束缚生产力的发展,把计划经济和市场经济结合起来,则更能解放生产力。计划和市场都是发展生产力的方法。为此,邓小平提出了社会主义市场经济理论,主张采取市场手段刺激经济发展,促进生产力提高。

**(二)高度重视科学技术的作用和力量**

面对当时我国科技发展水平落后的情况,邓小平高度重视科学技术的作用和力量。他指出:"马克思说过,科学技术是生产力,事实证明这话讲得很对。依我看,科学技术是第一生产力。"科学理论的发展和新兴科学的出现,成为推动技术和生产发展最基本的因素和力量,赋予现代科技劳动新的内涵。邓小平指出:"现代科学为生产技术的进步开辟道路,决定它的发展方向。许多新的生产工具、新的工艺,首先在科学实验室里被创造出来。"科学技术迅猛发展并广泛应用于生产,大幅提高了劳动生产率和生产的自动化水平,极大地促进了经济的发展,正如邓小平所指出的,"社会生产力有这样巨大的发展,劳动生产率有这样大幅度的提高,靠的是什么? 最主要的是靠科学的力量、技术的力量"。

对于知识和人才的作用,邓小平形象而生动地指出:"人是生产力中最活跃的因素。"他认为劳动者应是具备一定的科学知识、生产经验和劳动技能来使用生产工具、实现物质资料生产的人。所以,他强调,一定要在党内"造成一种空气"：尊重知识，尊重人才。随着科学技术的不断发展，直接、简单的体力劳动将不断减少，而需要具备一定科学文化知识的脑力劳动则会不断增加并逐渐处于优势地位。因此，邓小平指出："随着现代科学技术的发展，随着'四个现代化'的进展，大量繁重的体力劳动将逐步被机器所代替，直接从事生产的劳动者，体力劳动会不断减少，脑力劳动会不断增加，并且，越来越要求有更多的人从事科学研究工作，造就更宏大的科学技术队伍。"可见，脑力劳动者是广大劳动人民的一部分，调动他们的积极性，对于科学事业、教育事业的迅速发展和实现"四个现代化"发挥着重要作用。

邓小平关于"科学技术是第一生产力""尊重知识、尊重人才"的思想，是对马克思主义劳动价值理论的创新性发展，对提高全民族的科学文化水平，大力发展科学技术，促进科学技术进步有着重要意义。

**（三）发展社会主义经济，实现"四个现代化"**

邓小平认为没有艰苦奋斗的精神，就很难成就"四个现代化"这一伟业。他提醒人们：在我国经济、文化、科技、教育等还处在落后的状态下，必须团结全国人民，充分发挥他们的积极性，克勤克俭，艰苦奋斗，才能实现"四个现代化"，这也是致富和创造幸福生活的根本途径。他说："为了创造社会主义的幸福生活，没有极艰苦的劳动，是不可能的。"需要指出的是，邓小平倡导的勤劳致富，是要求人们通过"合法经营，诚实劳动"来获得财富，坚决打击那些违法经营和非法竞争的经济犯罪活动。同时它又尊重劳动者之间劳动能力和劳动效果的差异，讲究劳动效率，允许一部分人通过辛勤劳动、诚实经营先富起来，以先富带动后富。

## 三、江泽民关于劳动的重要论述

进入 21 世纪，第三次科技革命迅猛发展、席卷全球，极大地推动了人类社会经济、政治、文化等领域的发展和变革，使人类的生活方式和人的现代化朝着更高境界发展，使科技工作和管理经营等脑力劳动的效益日益突出。江泽民在党的十五届五中全会和 2001 年的"七一"讲话中都强调,要结合新实践,深化对社会主义劳动和劳动价值理论的认识。由此,他提出了关于劳动的一系列重要理论观点。

**(一) 深化和拓展了劳动的内涵和外延**

马克思在写作《资本论》时,科学技术有了一定的发展,但仍不够发达,劳动主要是以简单、重复性的物质生产劳动为主,服务业和商业只占少部分。因此,马克思、恩格斯的劳动理论着重对工业性物质生产进行论述。随着科学技术的发展和我国市场经济体制改革的不断深化,科技、教育、金融、信息等非物质生产部门在社会劳动总量中所占的比重逐渐增大,在推动国民经济发展中发挥了重要作用。江泽民指出:"改革开放以来,我国的社会阶层构成发生了新的变化,出现了民营科技企业的创业人员和技术人员、受聘于外资企业的管理技术人员、个体户、私营企业主、中介组织的从业人员、自由职业人员等社会阶层……他们也是有中国特色社会主义事业的建设者。"江泽民同志充分肯定了科技人员、管理劳动者和服务劳动者在发展社会主义事业中的地位和作用。他在党的十六大报告中强调,要尊重和保护一切有益于人民和社会的劳动。不论是体力劳动还是脑力劳动,不论是简单劳动还是复杂劳动,一切为我国社会主义现代化建设做出贡献的劳动,都是光荣的,都应该得到承认和尊重。无论是哪种形式的劳动,只要是合法经营和诚实劳动,都是人类历史发展不可缺少的内容和推动力量,都应该得到承认、保护和尊重,劳动的内涵和外延在新时期有了进一步的拓展。

**(二) 对劳动收入及分配的新发展**

收入分配问题关系到广大人民群众的切身利益,直接影响经济发展和社会稳定。党的十四大将分配方式调整为"以按劳分配为主体,多种分配方式为补充";党的十五大再次调整为"按劳分配和按生产要素分配结合起来"。随着科学技术的发展和市场经济体制改革的不断深化,劳动的外延不断扩大,参与价值创造的生产要素不断延伸,党的十六大明确指出要"放手让一切劳动、知识、技术、管理和资本的活力竞相迸发,让一切创造社会财富的源泉充分涌流,以造福于人民"。江泽民充分肯定了知识、技术、管理等生产要素在价值创造中的重要作用,他认为这些生产要素有权利根据在财富创造中所做的贡献参与分配。此外,江泽民很重视吸引人才,同时也重视人才在社会主义现代化建设中的贡献及回报,强调要"从制度上保证各类人才得到与他们的劳动和贡献相适应的报酬"。这些论述,对建立合理的分配制度、正确的激励机制有重要的现实意义。

### (三) 提出"四个尊重"方针

党的十六大报告明确指出:"必须尊重劳动、尊重知识、尊重人才、尊重创造,这要作为党和国家的一项重大方针在全社会认真贯彻。要尊重和保护一切有益于人民和社会的劳动。"社会是由人民组成的,说人民群众创造历史,实际上是人类的劳动创造了历史。劳动是一个基本的经济范畴,是人的内在本质。"四个尊重"方针是一个有机整体,尊重劳动居于基础地位,尊重知识、尊重人才突出了对脑力劳动者的重视和保护。江泽民认为,人是生产力最活跃的因素,人力资源是第一资源。尊重创造是"科学技术是第一生产力"的具体体现,也是时代发展的要求,没有创新、创造的劳动是缺乏活力和效率的。总之,"四个尊重"方针是对我国改革开放和现代化建设实践的深刻总结和升华,充分体现了中国共产党在新时期、新形势下对劳动、知识、人才和创造在社会主义建设中重要作用的重视,是中国共产党治国理政的一项重大方针,是对马克思主义劳动观和劳动价值理论的发展与深化,体现了马克思主义者与时俱进、开拓创新的精神。

## 四、胡锦涛关于劳动的重要论述

进入 21 世纪,中国特色社会主义的发展理念发生了深刻变化,从早期强调以经济增长为中心转变为可持续发展观,更多注重经济发展的质量及人在经济发展中的主体地位。随着我国改革开放的持续深入、经济的迅速发展和利益格局的深刻调整,社会的不和谐因素时有出现,广大人民群众在物质需求日益得到满足的情况下,更加注重追求文化、精神享受。在这一时期,胡锦涛秉承与时俱进和求真务实的精神,在继承毛泽东、邓小平和江泽民劳动价值观的基础上,对新时期劳动的特点作出了新的概括,提出了"以人为本"的科学发展观,并构建了新的劳动价值观。

**（一）倡导"以辛勤劳动为荣,以好逸恶劳为耻"的劳动理念**

进入 21 世纪,我国社会经济生活在新的历史条件下发生了翻天覆地的变化,劳动收入来源呈现多样化,贫富差距也进一步扩大。不劳而获、一夜暴富的浮躁心态滋生,少数人为了谋求利益甚至不择手段。胡锦涛明确指出,我国能取得改革开放及社会主义现代化建设的显著成就,是广大劳动群众团结一心、辛勤劳动的结果,成就任何一项伟业都离不开劳动。要实现全面建成小康社会,进而基本实现现代化的宏伟目标,必须依靠全体人民热爱劳动、勤奋劳动。而针对当时好逸恶劳、享乐主义、拜金主义等不良风气盛行的状况,胡锦涛强调要在全社会形成辛勤劳作的良好社会风气。所以,以胡锦涛同志为代表的中国共产党人,把"以辛勤劳动为荣,以好逸恶劳为耻"列入社会主义荣辱观,目的就是要使"劳动光荣、劳动伟大"成为全社会共同的道德认知。胡锦涛强调:"在我们社会主义国家,一定要在全社会大力培育和弘扬劳动光荣、知识崇高、人才宝贵、创造伟大的时代新风,让全体人民特别是广大青少年都懂得并践行劳动最光荣、劳动者最伟大的真理。"

**（二）高度重视劳动者素质和能力的提高**

作为一个劳动力大国,我国劳动力资源具有数量优势,但质量优势并不突出。对此,胡锦涛指出:"劳动者素质对一个国家、一个民族的发展至关重要。当今世界的综合国力竞争,归根到底是劳动者素质的竞争,不断提高广大劳动群众的综合素质,是实现人的全面发展的必然要求,也是推动经济社会发展的重要保证。"因此,努力造就大批有知识、有文化、有技能的高素质人才队伍,充分发挥我国人力资源优势,便成为一项紧迫任务。要完成这一任务,不仅要求劳动者主动学习和掌握新知识、新技术、新本领,而且要求在全社会大力开展公民道德建设、职业道德建设,积极发展丰富多彩的企业文化、职工文化,努力把广大劳动者打造成有理想、有道德、有文化、有纪律的社会主义劳动者。

### (三)提出实现体面劳动,切实保障劳动者权益的理念

胡锦涛同志一向十分关心广大劳动群众的工作生活,特别关注劳动者的劳动环境、劳动收入、劳动保障等问题。早在 2008 年"经济全球化与工会"国际论坛上,他就提出要以人为本,尽一切力量使劳动者实现体面劳动。在 2010 年全国劳动模范和先进工作者表彰大会上,胡锦涛指出:"要切实发展和谐劳动关系,建立健全劳动关系协调机制,完善劳动保护机制,让广大劳动群众实现体面劳动。"体面劳动是指劳动者的合法权益受到充分保障,劳动者在自由、公正、安全和有尊严的条件下工作。在社会主义社会,劳动只有分工不同,没有高低贵贱之分。只要是合法、诚实的劳动,都是崇高的,都是值得尊重的,劳动者的合法权益和切身利益都应受到保护。胡锦涛强调:"实现好、维护好、发展好最广大人民根本利益是我们一切工作的出发点和落脚点。保障工人阶级和广大劳动群众经济、政治、文化、社会权益是我国社会主义制度的根本要求,是党和国家的神圣职责。"

## 五、习近平关于劳动的重要论述

重视劳动价值和作用,树立鲜明的劳动价值观是习近平新时代中国特色社会主义思想的突出特点。党的十八大以来,在充分继承马克思主义劳动理论和中华优秀传统文化的基础上,立足新时代中国社会经济发展的客观实际和当代劳动的新特点,习近平就劳动问题作出一系列批示、指示,形成了关于劳动的内涵丰富的重要论述,开辟了马克思主义劳动观的新境界。

### (一)最大限度地关心和造福劳动者

劳动是财富和幸福的源泉。劳动创造了历史,中华民族正是在辛

勤劳动中铸就了灿烂辉煌的文明。在革故鼎新的时代,劳动的价值和劳动的意义更加突出。2012年11月,在当选总书记伊始,习近平就态度鲜明地指出:"人世间的一切幸福都需要靠辛勤的劳动来创造。"2015年,他在庆祝"五一"国际劳动节暨表彰全国劳动模范和先进工作者大会上发表重要讲话,他指出,全面建成小康社会,进而建成富强民主文明和谐美丽的社会主义现代化国家,根本上靠劳动、靠劳动者创造。新中国成立70年来,党和国家领导人带领全国各族人民艰苦奋斗、砥砺前行,在经济、政治、文化、科技、国防等各个领域取得了非凡的成就。正是因为劳动创造,我们拥有了历史的辉煌;也正是因为劳动创造,我们拥有了今天的成就。从"铁人精神"到"红旗渠精神"再到"载人航天精神",正是劳动者艰苦奋斗、抓铁有痕的实干,才有了今天的辉煌成就。

进入信息化时代,人工智能进一步发展,科学技术的进步增强了人类改造自然、创造财富的能力,但也可能会使劳动者丧失劳动自主性与创造性。习近平深刻阐释了劳动对推动人类文明进步的重大意义,重申了劳动的重要作用,这是对劳动创造价值的充分肯定,也是对劳动者的地位和权利的保障。习近平认为,人类是劳动创造的,社会是劳动创造的,劳动没有高低贵贱之分,无论是体力劳动还是脑力劳动,都是光荣的,都值得尊重和鼓励。习近平号召全国各族人民"必须牢固树立劳动最光荣、劳动最崇高、劳动最伟大、劳动最美丽的观念,让全体人民进一步焕发劳动热情、释放创造潜能,通过劳动创造更加美好的生活"。

历史反复证明,人民群众是历史发展和社会进步的主体力量,是先进生产力和先进文化的创造主体。习近平始终坚持历史唯物主义,充分肯定劳动人民在社会历史发展中的地位,他明确指出:"实现我们的奋斗目标,开创我们的美好未来,必须紧紧依靠人民、始终为了人民。"党的十九大报告也指出:"人民是历史的创造者,是决定党和国家前途命运的根本力量。"因此,社会主义改革和社会主义现代化建设要始终依靠人民,广大人民群众要共享社会发展成果,最终实现共同富裕。

当前是经济社会转型期,也是劳动关系矛盾和社会问题的多发期,所以,高度重视和妥善处理劳动关系显得尤其重要。习近平强调:"要坚持把实现好、维护好、发展好最广大人民根本利益作为一切工作的出发点和落脚点。"人民群众是社会财富的创造者,也是社会财富的享有者。因此,习近平提出党和国家要实施积极的就业政策,要建立健全党和政府主导的维护群众权益机制,排除阻碍劳动者参与发展、分享发展成果的障碍,努力让劳动者实现体面劳动、全面发展。正是在这一思想指引下,以习近平总书记为核心的党中央坚持以人民为中心的发展思想,高度重视人民群众的生活条件和劳动环境的改善,采取一系列措施解决人民群众生产、生活的难题,最大限度地关心和爱护劳动者。

### (二)建设知识型、技能型、创新型劳动者大军

当前,新一轮产业革命席卷全球,技术、管理、知识等要素在劳动创造价值过程中的作用比以往任何时候都更加突出。习近平在多个场合多次强调劳动的创新性、创造性,高度重视科学技术知识的力量,提倡创新精神,呼吁劳动中的创新意识,并适时提出创新驱动发展战略。党的十九大报告指出,"创新是引领发展的第一动力"。科技劳动、创新劳动在新时代社会经济发展中发挥了重要作用。尤其是随着新发展理念的激荡、分工的细化、供给侧结构性改革的持续推进,敦促劳动精度的提升,也对劳动者的素质提出了更高的要求。党的十九大报告提出建设知识型、技能型、创新型劳动者大军的重要观点,科学准确地把握了当代劳动的特点,明确了劳动者素质构建的方向,蕴含着对劳动发展多维度的洞察与先见。科技、知识、创新与劳动紧密联系,因此,我们更强调科技、知识和创新在提高劳动生产率中的作用。习近平强调:"当代工人不仅要有力量,还要有智慧、有技术、能发明、会创新。"因此,培养知识型、技术型、创新型人才,激发劳动者的创新活力和创造潜能,是当代劳动发展的方向,符合国家经济转型和社会发展对劳动者的新要求,也是劳动力从"数量型"向"质量型"转变的必由之路。

### (三)弘扬新时代劳模精神,竭诚为职工群众服务

习近平总书记对劳动模范的肯定和崇尚,使劳模文化成为社会主义现代化建设的强大精神动力,生动诠释了社会主义核心价值观。他指出:"劳动模范是劳动群众的杰出代表,是最美的劳动者。劳动模范身上体现的'爱岗敬业、争创一流,艰苦奋斗、勇于创新,淡泊名利、甘于奉献'的劳模精神,是伟大时代精神的生动体现。"新时代的劳模精神,不仅继承了中华民族勤勉、奉献的优良传统,而且注入了时代精神,是我们极为宝贵的精神财富。习近平强调,劳动模范是民族的精英、人民的楷模,是共和国的功臣,他们以平凡的劳动创造了不平凡的业绩。从"宁肯少活二十年,拼命也要拿下大油田"的"铁人"王进喜,到摘取科学皇冠明珠的陈景润,再到新时期技术型工人包起帆、许振超……正是他们深刻践行着劳模精神,鼓舞着一代代中国人奋发有为,为社会主义现代化建设贡献应有的力量。习近平号召全国各族人民以劳模为榜样,学习他们的劳动技能、创新方法和管理经验,共同投身于实现中华民族伟大复兴的宏伟事业中。尊重劳模,学习劳模,首先要关爱劳模。以习近平总书记为核心的党中央高度重视劳模、关心爱护劳模,并推出了一系列措施,如:中央财政设立全国劳模专项补助资金,加大劳模休养工作的力度,各省市不同程度实现劳模帮扶全覆盖等。这些举措帮助劳模解决了生产生活中的问题,使其能够更好地发挥骨干带头作用。

做好工会工作,充分发挥工会组织的桥梁纽带作用,对于构建和谐劳动关系、巩固和扩大党执政的阶级基础和群众基础,具有重要意义。党的十八大以来,习近平总书记对工会工作做了大量阐述,对于加强工会工作的职能和推进工会工作方式的创新作出了重要指示。在当前社会转型发展期,习近平要求"工会工作只能加强,不能削弱;只能改进提高,不能停滞不前"。他提出必须加强工会的政治建设,要"坚定不移走中国特色社会主义工会发展道路"。同时,习近平坚持"以人民为中心",要求工会组织"坚决履行维护职工合法权益的基本职责,把竭诚为职工群众服务作为工会一切工作的出发点和落脚点"。他强调工会组

织"要顺应时代要求、适应社会变化,善于创造科学有效的工作方法,让职工群众真正感受到工会是'职工之家',工会干部是最可信赖的'娘家人'"。上述重要论述为做好新时代工会工作拓展了新视野,为工会继续竭诚为广大劳动者服务指明了方向。

## 课 后 思 考

1. 简述新中国成立以来各个时期劳动教育的特点。

2. 如何理解习近平新时代中国特色社会主义劳动观?

3. 结合自身实际,谈谈如何树立正确的劳动观。

# 第三章 新时代大学生的劳动素养

【学习目标】

1. 了解并掌握劳动情感、劳动态度、劳动习惯的主要内容;

2. 了解并掌握大学生应具备的劳动能力;

3. 理解新时代劳动精神的重要内涵。

【章节导读】

劳动素养是学生通过多方面的劳动教育而逐步形成的劳动精神面貌、劳动价值取向和劳动技能水平等要素凝结而成的整体状态,在日常生活、生产实践、职业劳动和社会参与活动中得到体现,并融入人生及其观念、习惯、品质、能力之中。① 新时代劳动教育的核心指向和价值诉求是全面提升大学生的劳动素养。这要求大学生既要有真挚的劳动情感、正确的劳动态度、良好的劳动习惯,也要有劳动能力,更要有勤俭、奋斗、创新、奉献的劳动精神。

## 第一节 优秀的劳动品格

品格是指人的思想品行,是行动的先导。劳动品格的培养是大学

---

① 顾建军:《加快建构新时代劳动素养评价体系》,《人民教育》2020 年第 8 期。

生劳动教育的基础,旨在引导大学生形成真挚的劳动情感、正确的劳动态度和良好的劳动习惯。

## 一、劳动情感

"劳动情感是指一个人基于感情满足需要的程度而形成的对劳动的良性心理体验和情感依赖关系。"[①]劳动情感是大学生劳动价值观的重要组成部分,也是新时代大学生成长为德智体美劳全面发展的人才的客观需要。通过劳动教育,培养大学生形成尊重劳动人民、劳动无贵贱之分、劳动创造美好生活、尊重和珍惜劳动成果的劳动情感。

### (一)尊重劳动人民

劳动人民是历史的见证者、参与者和创造者。党的十九大报告指出,人民是历史的创造者,是决定党和国家前途命运的根本力量。劳动人民是国家的主人,人民群众中蕴藏着无尽的智慧和力量,劳动人民既是历史的创造者,也是劳动精神的创造者,对历史发展和社会进步做出杰出贡献的劳动人民最崇高。新时代劳动者是全面建成小康社会、坚持和发展中国特色社会主义的主力军,同时也是劳动精神的继承者和发扬者。

习近平总书记强调:"人民是历史的创造者,是推动我国经济社会发展的基本力量和基本依靠。"人民的劳动创造推动着经济发展和社会进步。新中国成立 70 多年来,特别是改革开放 40 多年来,我国能够取得如此巨大的成就,既是我们党坚持一切为了人民、一切依靠人民、一切发展成果由人民共享的执政理念正确指引的结果,也是亿万劳动人民辛勤劳动、诚实劳动、创造性劳动的结果,凝聚着全体劳动者的智慧与汗水。

新时代大学生应深刻认识和体悟劳动人民的伟大,树立尊重劳动、尊重劳动人民的观念,学习劳动人民身上所具有的劳动精神,积极参加

---

① 陈国维:《大学生劳动教育》,高等教育出版社 2020 年版。

劳动实践,在实践中感受劳动创造的快乐,深刻理解幸福生活源于辛勤劳动、历史伟业依靠劳动人民创造的道理。

**（二）劳动无贵贱之分**

2016 年,习近平在知识分子、劳动模范、青年代表座谈会上强调:人类是劳动创造的,社会是劳动创造的。劳动没有高低贵贱之分,任何一份职业都很光荣。马克思认为,生产过程的智力同体力劳动相分离,智力变成资本支配劳动的权力,是在以机器为基础的大工业中完成的。脑力劳动与体力劳动之间的分工是生产力发展的结果,在生产资料私有制的社会形态中,存在着脑力劳动为剥削阶级所垄断,而体力劳动则由被剥削阶级承担的现象。然而,在社会主义社会,所有的劳动者共同占有生产资料,目前所存在的脑力劳动和体力劳动的差异主要源自我国社会生产力发展水平还不够高。随着生产力的提高、生产方式的改进以及人民科学文化水平的提高,这些差异将逐渐缩小,直至消弭。

人类社会在生产力的发展中经历了远古时期的自然分工和原始社会末期的社会分工,形成了早期的社会分工,例如:农业、手工业和商业。劳动之间的差异主要是社会职能分工和社会劳动分工的差异。马克思主义劳动观告诉我们,凝结在商品中无差别的人类劳动,是脑力劳动与体力劳动共同作用的结果,缺一不可。因此,商品价值的差别,取决于制造出此商品所需劳动量的多少,但其中凝结的劳动是无差别的。

《中华人民共和国宪法》(2018 年修正)规定,中华人民共和国是人民民主专政的社会主义国家,剥削阶级作为阶级已经被消灭。职业有类别之分但无贵贱之别,职业面前人人平等是社会主义倡导的劳动价值观。然而我们不得不承认在现实生活中仍存在职业歧视的现象,甚至"劳心者治人"的陈旧观念仍有一定市场。如果不能打破这种对待部分职业的偏见,就会影响社会的精神面貌和新时代大学生的价值观。当前中国经济已经从高速发展阶段进入了高质量发展阶段,供给侧结构性改革深入推进,社会分工日益细化,这就要求我们正确对待和看待每一种职业。社会既是一个整体,又有不同的分工,从而构成庞大的社会体系,所有职业都是相互依存的,劳动并无贵贱之分。因此,新时代大学生要树立正确的劳动观,尊重每一份劳动,尊重自己和他人所从事的职业。

### （三）劳动创造美好生活

劳动是个人生存和社会发展的基本的、自然的条件。在马克思、恩格斯看来,人类生存的本源性条件就是必须使人类能够生活。为了生活,我们首先应该解决衣食住行问题。因此,人类从事的第一个历史活动就是进行物质生产。恩格斯将其进一步指认为"首先必须劳动",整个人类生活是以劳动(生产物质)为基础的。而人的劳动首先是以自然界为对象展开的物质生活活动,继而才能够生成人的政治生活活动和精神生活活动等。因此,个人生活和社会生活是建立在劳动基础上的,劳动是创造人类生活的基础。

党的十八大以来,习近平总书记对美好生活与劳动的关系做了丰富的阐述,他指出人世间的美好梦想,只有通过诚实劳动才能实现;幸福不会从天而降,美好生活靠劳动创造。美好幸福生活是依靠劳动而获得的,劳动这一人的自由自觉的活动才是获得幸福的基本手段,是实现美好生活的内生动力。我国经济持续发展,人民生活水平显著提高,正是亿万劳动者发挥聪明才智,通过辛勤劳动,发扬苦干实干精神来实现的。

党的十九大报告,作出了我国社会的主要矛盾转变为人民日益增长的美好生活需要和不平衡不充分的发展之间的矛盾的重要论断。我们应当充分认识到:只有通过劳动,才能获取充分的物质生活资料,为实现美好生活打牢物质基础;只有通过劳动,才能创造出丰硕的精神文化产品,为实现美好生活打牢精神基础。新时代大学生要以正确的劳动观为指引,用科学的劳动方法去践行,在劳动中找到打开美好生活大门的钥匙,在积极的探索实践中踏上走向幸福生活的通途。新时代大学生应该认识到,劳动和创新在实现人民幸福生活中发挥着至关重要的作用,是创造美好生活的根本途径。

### （四）尊重和珍惜劳动成果

"锄禾日当午，汗滴禾下土。谁知盘中餐，粒粒皆辛苦。"唐代诗人李绅的这首《悯农》妇孺皆知。诗中描绘的正午时分农夫在田间劳作的辛苦景象，形象地说明了劳动成果的来之不易，启迪人们注意节约用度，珍惜劳动成果。"一粥一饭当思来处不易，半丝半缕恒念物力维艰。"在日常生活中，我们要勤俭节约，杜绝铺张浪费，珍惜劳动成果。劳动成果之所以来之不易，是因为任何一项劳动成果都需要人们付出相应的体力与脑力，也就是马克思所说的"无差别的人类劳动"。无论劳动成果凝结的劳动量有多少，由何种劳动产生，它们都是劳动者的辛苦付出，都代表着劳动者对劳动岗位、对社会、对自己的尊重，所以我们应该尊重和珍惜每一项劳动成果。

任何一种劳动都是平等的，因此无论是体力劳动成果还是脑力劳动成果都应当被保护。在享受丰富的劳动产品时，我们应尊重和保护他人的劳动成果。比如，我们不可窃取他人的劳动成果，侵犯他人的知识产权。同时，我们也应注重保护自己的劳动成果不被他人侵犯。我国制定了一系列法律来保护不同形式的劳动成果，如：《中华人民共和国民法典》《中华人民共和国专利法》《中华人民共和国商标法》《中华人民共和国著作权法》等，必要时我们要拿起法律的武器捍卫自己的合法权益。

作为新时代大学生，尊重和珍惜劳动成果不能仅是口头上的说辞，更应时刻体现在行动之中。第一，时刻牢记劳动成果来之不易，例如：对为自己提供劳动服务的他人表示尊重和感谢，做"光盘一族""节约达人"。第二，尊重并保护他人、自己的劳动成果不受侵犯，通过合理规范的方式使用他人的劳动成果，必要时利用法律保护自己的劳动成果。第三，积极推介自己的劳动成果，让自己的劳动得到社会的关注和认可，从而获得更好的发展机会。

## 二、劳动态度

劳动态度是在一定劳动价值观支配下、在长期劳动情感体验基础上形成的一种相对稳定的对待劳动的心理倾向。[①] 大学生积极劳动态度的培养是新时代劳动教育的重要内容,教导当代大学生坚定热爱劳动、辛勤劳动、诚实劳动、创造性劳动的劳动态度。

### （一）热爱劳动

中华民族自古以来就是热爱劳动的民族,人民用劳动谱写出新时代的乐章,用奋斗书写社会的进步史。无论是革命时期的南泥湾,还是改革开放中的经济特区,都是一代代劳动者用辛勤劳动在中华大地上创造出的一个个发展奇迹。然而,在历史上,体力劳动往往成为卑贱和劳累的代名词。在奴隶社会,辛苦劳动的奴隶被奴隶主看作"会说话的工具";在封建社会,农民的劳动成果受到地主的残酷剥削。时至今日,"劳心者治人,劳力者治于人"的封建思想仍有残留。在马克思主义劳动价值观的指导下,我们懂得,只有劳动才能创造美好生活,"劳动是整个人类生活的第一个基本条件",劳动在推动人类社会发展和进步中发挥了根本性作用。

"人生两件宝,双手和大脑,一切靠劳动,生活才美好。"这是我国著名教育家陶行知对劳动的生动解说。劳动不仅是人类社会文明进步的源泉,还是打开幸福之门的钥匙。劳动的意义在于满足我们生存的物质需要,更重要的是劳动能帮助我们实现自我成长和自我完善。

身处新时代,青年大学生应当树立正确的劳动价值观,发自内心地热爱劳动,身体力行地参加劳动,爱惜劳动成果,激发劳动热情,在劳动实践中寻找自己的人生定位,实现自己的人生价值。

### （二）辛勤劳动

辛勤劳动是劳动者应有的基本状态,是诚实劳动、创造性劳动的基本前提。辛勤劳动表现了劳动者在劳动中展现出的艰苦奋斗的坚定决心、自强不息的坚毅品格和埋头苦干的奋斗精神,诠释了劳动者在劳动中体现出的实干、高效、奉献、自觉等劳动态度。这样的劳动态度具有

---

[①]　刘向兵:《新时代高校劳动教育的新内涵与新要求:基于习近平关于劳动的重要论述的探析》,《中国高教研究》2018 年第 11 期。

四个层次的精神意蕴：第一，"想干"的理想境界，以更强的使命、更足的干劲、更实的作为，争做新时代的奋斗者、社会主义的实干家。第二，"敢干"的责任担当，以过人的胆识、豪迈的气魄、顽强的毅力，甩开膀子大胆干，撸起袖子加油干。第三，"真干"的实践品质，以务实的作风、敬业的态度、勤勉的姿态，抓铁有痕、踏石留印。第四，"巧干"的本领能力，以灵活的智谋、过硬的素质、卓越的才能，干实事、干成事。[①]

实现中华民族伟大复兴的中国梦，要靠各行各业劳动者的辛勤劳动。我国是一个发展中国家，全面建成小康社会需要依靠全体人民的辛勤劳动，实现现代化需要依靠辛勤劳动，建设社会主义现代化强国需要依靠辛勤劳动，实现中华民族伟大复兴需要依靠辛勤劳动，为此我们要坚定不移地保持和发扬勤奋踏实的优秀传统，在辛勤劳动中体现个人价值，在辛勤劳动中创造美好生活，实现自我成长和国家富强。

辛勤劳动是新时代大学生的立身之本。习近平总书记指出，青年人要在工作中增长才干、练就本领，以真才实学服务人民，以创新创造贡献国家。因此，青年大学生一方面要"勤学"，树立终身学习理念，积极学习更多的有益知识，增强自身综合素质，不断提升自我；另一方面要"勤劳"，回溯历史，任何一点进步与成功都是依靠人民的艰苦奋斗、辛勤劳动创造出来的。

### （三）诚实劳动

诚实劳动是指以积极、实干、诚实的态度为他人和社会提供产品、服务，要求劳动者在合理合法的前提下从事劳动。诚实劳动是辛勤劳动的延伸，是创造性劳动的重要前提。诚实劳动要求所有劳动者将全部体力和脑力诚实地付诸劳动实践，既不驰于空想，也不投机取巧。诚实劳动主要体现在三个层面：第一，对劳动过程中所涉及的他人、团体和组织讲诚信。第二，在劳动过程中讲诚信，包括在劳动材料的选用、操作程序的遵守等方面。第三，对劳动成果讲诚信，例如：注重质量，

---

① 陈好敏、熊建生：《新时代劳动精神的价值意蕴》，《学校党建与思想教育》2020年第4期。

杜绝窃取他人劳动成果的行为等。

我国《公民道德建设实施纲要》中提出了"爱国守法、明礼诚信、办事公道、服务群众、敬业奉献"二十字的公民道德规范。其中，"明礼诚信"就是要求公民无论在什么场合，都要讲诚信，遵守劳动规则，实事求是，言行一致。我国职业道德基本规范包括"爱岗敬业、诚实守信、办事公道、服务群众、奉献社会"。其中，"诚实守信"就是要求劳动者在职场中诚实地从事劳动，坚守信用，并将其贯穿于整个劳动过程中。因此，对于个人而言，唯有诚实劳动才能实现人的劳动本质；对于国家而言，诚实劳动是社会发展的重要基石。

习近平总书记指出，人世间的美好梦想，只有通过诚实劳动才能实现；发展中的各种难题，只有通过诚实劳动才能破解；生命里的一切辉煌，只有通过诚实劳动才能铸就。当代大学生应当深刻树立诚实劳动的意识，在思想深处去除不劳而获的错误思想。一方面，大学生对所从事的劳动应具备专业的知识技能，对自我的劳动素质做理性判断并做合理定位；另一方面，大学生应立足岗位踏实劳动、求真学问、练真本领，实事求是地对待劳动过程，正确看待劳动成果，树立由诚实劳动实现人生梦想的正确劳动观。

### （四）创造性劳动

创造性劳动是最大限度地发掘人的创造性思维，释放人的主观能动性，突破现存事物旧的表现形式和物质形态，创造出具有新的使用价值的劳动形式，它与常规性劳动相对应。创造性劳动既要求劳动者的各种最基本或最基础的素质得到全面发展、和谐发展，又要求劳动者在各种素质及其内部各种要素的结构组合上追求自由式发展、个性化发展和创造性发展。创造性劳动具有以下特征：第一，新颖性。这主要表现为创造性劳动的产品（包括知识与技术）过去从来没有被公开使用过或者以其他方式为公众所知。第二，价值性。创造性劳动在创造价值上表现为乘数效应，与一般性劳动相比，其对产品价值的贡献要大得多。第三，风险性。创新有较大的挑战性和不确定性，与风险相伴而生,一切创新都是在战胜风险的过程中实现的。

习近平总书记强调,劳动是人类的本质活动,劳动光荣、创造伟大是对人类文明进步规律的重要诠释。创造性劳动是推动社会发展和民族进步的根本力量。当前,面对呈现出新态势、新特征的新一轮的全球科技竞争,要适应和引领我国经济发展新常态,关键是依靠科技创新驱动。抓住科技创新就牵住了我国经济社会发展的"牛鼻子",但科技创新还需要有制度创新的协同作用来共同推进。因此,创造性劳动是一个系统工程,需要理论、实践等各方面的创新;创造性劳动也不仅是科学家的分内事,而是所有劳动者共同的事业。

党的十九大报告提出建设知识型、技能型、创新型劳动者大军。创造性劳动是新时代建设创新型国家发展战略的现实需要,也是实现当代大学生自由全面发展的内在要求。对于新时代大学生而言,一方面要增强创造性劳动的意识,自觉培育创新思维,充分彰显创造活力,摆脱陈旧的劳动形式、就业方式等的局限,努力实现创造性择业、创造性就业;另一方面要深入钻研专业知识和专业技能,以自身扎实的专业知识技能为基础,找准专业优势与经济社会发展的结合点,找准先进技能与实际国情的结合点,全面提升自身的创造性劳动能力和水平。

## 三、劳动习惯

俄国教育家乌申斯基指出:"教育不但应当培养学生对劳动的尊敬和热爱,它还必须培养学生劳动的习惯。"劳动习惯是劳动者在劳动过程中长期养成并适应的劳动行为方式。它不仅反映了人们是否形成了劳动的潜意识自觉,而且反映了人们的劳动行为是否合乎规范的潜意识自律。劳动习惯的养成是新时代大学生自我教育、自我管理、自我服务的重要方式。

### (一)自觉劳动

自觉劳动是劳动者理解、认同以及践行劳动的自我觉醒和自觉行动。马克思指出,人的生产劳动与动物活动完全不同,人的类本质体现在类生活的劳动当中,人的生产跟动物的生产有重大的区别,动物所进行的是本能的生产,他们生产的劳动由生理需要直接驱动;而人的劳动生产是自觉进行的,人之为人的根据是人能有自由自觉的劳动。因此,自觉地、积极地参加劳动实践,愿意尽己所能地完成劳动任务是劳动者应当具备的劳动习惯。

习近平总书记强调,要教育引导青少年树立以辛勤劳动为荣、以好逸恶劳为耻的劳动观,培养一代又一代热爱劳动、勤于劳动、善于劳动的高素质劳动者。然而,当前有部分青年学生对劳动的理解和践行,与自觉劳动还有一定的差距。优越的物质环境,家长、老师的"代劳"等,使不愿劳动、不会劳动的现象在青年学生群体中时有发生。

青年大学生应积极践行自觉劳动,让劳动成为一种自觉行为和内在需要,努力克服劳动过程中的懒惰情绪:在校园生活中,认真完成学习任务,积极参与校园建设和社会实践活动;进入职场后,在工作岗位上积极履职尽责,自觉主动地完成工作任务,让自觉劳动内化于心、外化于行。

### (二) 安全劳动

强调安全劳动,旨在使劳动者在劳动过程中免受伤害。但安全永远是相对的,没有绝对的安全。在劳动作业过程中可能存在危险源。危险源是指可能导致人员伤病、财产损失或作业环境被破坏的根源或状态,包括第 1 类危险源和第 2 类危险源。第 1 类危险源通常是指危险的物质或能量,第 2 类危险源通常指有危险的物质或能量载体。[1]劳动者在劳动过程中应学会识别危险源,严格按照安全劳动的规范和要求开展劳动活动,避免因乱摆乱放、无序指挥、无序作业等不安全行为,引发中毒、放射性损害、车祸、触电、塌陷、爆炸、火灾、坠落、机械外伤等安全事故。

---

① 刘向兵:《劳动通论》,高等教育出版社 2020 年版。

大学生即将迈入社会成为劳动者,应当从以下三个方面入手为投入安全生产做好准备:第一,在生产生活过程中应充分了解法律法规赋予的权利、规定的义务,确保劳动过程中的人身和财产安全。第二,应具备必要的安全生产知识,熟悉与本岗位相关的安全生产规章制度,掌握本岗位所需要的安全操作技能,在劳动过程中必须严格遵守安全操作流程,了解事故应急处理措施。第三,在劳动过程中,应拒绝违章作业,在发现直接危及人身安全的紧急情况时,可停止作业或采取适当的应急措施。劳动安全的内容将在本书第五章中详述。

### (三)合法劳动

合法劳动是指法人或自然人在国家相关法律法规许可范围之内开展的各种劳动。在社会经济发展中,无论是体力劳动还是脑力劳动,无论是简单劳动还是复杂劳动,一般来说,有益于人民和社会的都是合法劳动。劳动创造世界,劳动创造人类社会,劳动创造物质财富和精神财富,劳动推动经济发展和社会进步,所以我们要尊重和保护一切合法劳动。但劳动并不一定都是合法的,如:生产假冒伪劣商品的"劳动",生产和运送毒品的"劳动",欺诈他人的"劳动"等犯罪活动,都是有害的非法劳动。

每位公民都应该树立法治观念,增强法律意识,自觉维护社会的长治久安,和谐稳定。作为新时代大学生,我们更应当成为法律的真诚拥护者和坚定践行者。在劳动过程中,我们要注意以下三点:第一,树立合法劳动意识,避免法治观念淡薄、诚信观念欠缺等问题,在生产劳动过程中要严格遵守国家相关法律法规,坚决抵制违法违纪行为。第二,充分学习了解有关劳动的法律法规知识,成为知法、守法、懂法、护法的合格劳动者,当自身合法权益受到侵害时,能够拿起法律武器维护自身的合法权益。第三,在劳动过程中如果遇到他人进行非法劳动,应通过合理合法的方式及时提出、制止或向有关部门反映,积极维护合法劳动的良好秩序。

# 第二节 必备的劳动能力

劳动能力是指运用体力和脑力等基本生理和心理条件与知识服务于劳动活动的能力。广义的劳动能力,既包括生产、生活和服务中的一般性知识、技能和素养,也包括职业领域与专业领域中与具体工作相关的特殊知识、技能和素养。[①] 个人不仅需要在社会中从事职业性劳动或专业性劳动,也需要在生活中从事日常劳动。因此,个人的劳动能力根据劳动的专业程度不同而具有一定的差异。个人的劳动能力可划分为一般劳动能力、职业劳动能力和劳动创造能力。

## 一、一般劳动能力

一般劳动能力是指人们日常生活所需的劳动能力,包括为自己服务的衣食住行方面的活动等和为他人服务的简单体力及脑力劳动。一般劳动能力作为大学生必备的最基本的素质主要包括以下三个方面:良好的身体素质、独立生活的能力和服务他人的能力。

### (一)良好的身体素质

身体素质的情况会影响劳动活动的开展。身体素质是指人体在运动、劳动和日常活动中,在中枢神经调节下,各器官系统功能的综合表现,如力量、耐力、速度、灵敏、柔韧等机体能力。一个人身体素质的好坏虽与遗传有关,但与后天的营养和体育锻炼的关系更为密切。人们通过正确的方法和适当的锻炼,可以提高身体素质水平,进而提升劳动能力。

拥有健康的身体是劳动者参与劳动的前提条件。新时代大学生应该积极参加体育运动和劳动实践,出力流汗、接受锻炼、磨炼意志,积极提升个人的身体素质,使自身具备最基本的劳动能力。保持良好的身

---

① 徐国庆:《劳动教育》,高等教育出版社 2020 年版。

体素质,我们应当养成良好的生活习惯:第一,早睡早起,保证充足睡眠。早睡早起是最基本的提升身体素质的方法,但目前在大学生中不同程度地存在晚睡晚起、晨昏颠倒等现象,这非常不利于个人健康。第二,积极参加体育锻炼。适当的运动是强身健体的关键,大学生可利用闲暇时间参加适当的运动,例如慢跑、快走、爬山等,也可参加适当的体力劳动,使身体保持健康状态。第三,养成良好的饮食习惯。暴饮暴食、不吃早餐等现象在年轻人中也比较常见,大学生应根据自己的身体情况合理膳食,从而增强身体机能。

## (二)独立生活的能力

独立生活能力是指可以满足自身的基本生活需求,如衣、食、住、行等方面的劳动能力。在当下科技发达、物质极大丰富的时代,虽然劳动的方式、工具、空间、环境都在发生变化,劳动的内涵被前所未有地扩展,但人们仍需具备基本的生活劳动能力。然而,现代家庭在子女的个人成长中给予其独立生活能力锻炼的机会越来越少,家长唯恐子女被伤害或受委屈,"父母包办""衣来伸手、饭来张口"等现象较为普遍,不少大学生的独立生活的能力令人担忧。

大学生活是走上工作岗位前的"最后一公里",大学生应充分利用这段时间,发挥个体的主观能动性,积极提升个人独立生活的能力。这要求大学生一方面要树立独立生活的意识,端正生活态度,养成自我服务的独立生活习惯,从"父母包办"的生活状态中抽离;另一方面,要积极学习日常生活技能,增强独立生活的能力,虚心向周围的同学、老师及其他劳动者学习,不断积累生活经验,掌握能够满足日常生活需要的基本技能。

## (三)服务他人的能力

服务他人的能力是指为他人做事情、提供服务,使他人受益的一种劳动能力。个人的生存不能离开社会,个人生存需要的最基本的生活资料存在于现实的社会生活中;个人的发展不能离开社会,人的发展意味着人能够理性地看待和分析问题,这就需要一定的知识,而知识的获得需要在社会中进行；个人价值的实现不能离开社会，离开了社会的需求，个人的价值就失去了基本的平台。因此，我们在社会中获取价值的同时，也要为社会服务、为他人服务，二者之间是相辅相成的关系。

　　新时代大学生应当在服务他人的劳动实践中不断提升自身的劳动能力，实现人生价值，获得成就感、愉悦感。首先，大学生应具备服务他人的意识，在学习、工作、生活中积极为需要帮助的人提供服务，让服务他人成为一种本能。其次，积极参与服务他人的劳动实践活动，如：志愿服务、"三支一扶""三下乡"等服务性劳动，结合自身的专业知识、技能，利用工具、设备等，更多更好地服务他人，服务社会。最后，面对重大疫情、灾害等危机时要有所作为，培养自身参与公共服务的责任感和使命感，并做出力所能及的贡献。

## 二、职业劳动能力

　　职业劳动能力是指个体将所学的知识、技能，以积极的态度，在特定的职业活动或情境中，进行类化迁移与整合而形成的能完成一定职业任务的能力。大学生步入工作岗位，需要具备专业知识技能、自我管理能力、时间管理能力、沟通表达能力、解决问题能力、团队协作能力等职业劳动能力。

### （一）专业知识技能

　　专业知识技能是指人们经过专业训练，在一定范围内所具备的相对稳定的系统化知识与技能。现代化劳动的高度发展要求人们具有与时代发展、劳动岗位相适应的知识和技能，各行各业的劳动者都需要具有一定的基础知识和专业知识。由于社会分工日益精细，社会生产被划分为不同的领域、行业、部门和岗位。《中华人民共和国职业分类大典(2015 版)》充分考虑我国社会转型期社会分工的特点，按照工作性质相似性为主、技能水平相似性为辅的分类原则，划分了 8 个大类、75个中类和 434 个小类，共计 1 481 个职业。每一个职业都需要劳动者具备相关的专业知识,才能完成劳动任务。例如:从事 IT 行业的劳动者应该具备与计算机相关的专业知识;从事教师职业的劳动者,除了要有热爱教育的态度,还需要掌握教育学、心理学等教书育人所需的专业知识。

　　大学生掌握扎实的专业知识技能是胜任岗位工作的关键,良好的专业能力是支撑职业生涯的基石。因此,大学生要更新观念、与时俱进,用新理念指导学习;要肯下功夫、深耕专业,不断优化自己的知识结构;要学用结合、学以致用,增强专业实践意识,把握相关专业的实习机会,练就实际操作的本领;要善于反思、自我提高,在学习、实践中加强自我反思与总结,进而提高专业水平和实践能力。

### (二)自我管理能力

　　自我管理能力是个体有意识地运用认知及行为策略,对自身的思想、情感、行为以及所处环境等进行目标管理的能力。人们的日常劳动实践离不开自我管理。当今信息技术革命使生产方式不断发生变革,远程工作、协同工作、个性化工作等新的劳动形式不断出现,这意味着劳动者受到的直接管理可能会减少,因此每个人必须清楚自己的角色,自觉完成自己所负责的工作。这对劳动者的自我管理能力的要求越来越高。缺乏自我管理能力的人容易混淆任务的关键点,分不清事物的轻重缓急,容易被非重要因素所吸引,往往比别人需要更多的直接监督。可以说,自我管理是个体在劳动实践中提高工作效率的主要途径。

　　自我管理的心理机制十分复杂,涉及个体的认知系统、情绪系统和技能系统。

　　(1)认知系统。它是指个体在不同情境中对不同价值行为进行的判断和选择。

　　(2)情绪系统。情绪是个体行为的动力之源,它既是自我管理的对象,也是影响自我管理效果的一个重要因素。只有当个体的认知判断和情绪判断协调一致时,自我控制才最有成效。

（3）技能系统。个体进行自我管理时控制或调节技能的灵活性或有效性，将直接影响个体的行为表现。

良好的自我管理能力是组织和个人共同成长的持续动力，大学生提升自我管理能力应做到以下几点：

第一，正确认知自我。自我认知是指个体对自己的洞察和理解，包括自我观察和自我评价，认识自我、实事求是地评价自己是进行自我管理的重要条件。大学生应该了解自己性格特点以增强职业选择的针对性；知道自己的分量轻重，有利于把握分寸，不盲目自信或自卑；了解自身潜力的大小，制定合理的工作目标，积极进取。

第二，合理调节情绪。我们每个人都有喜、怒、哀、乐等情绪，并伴随着相应的表情和心理体验。无论在生活中还是在职场上，大学生都应正确面对自己的负面情绪，学会适当表达情绪，以适宜的方式舒缓不良情绪，例如：逛街、听音乐、找友人倾诉等。

第三，积极落实行动。落实行动是进行自我管理的关键。大学生应具有较强的执行意识，将立即行动转化为日常的行为习惯；大学生做事要有计划，依计划行事是进行自我管理的有效手段。

### （三）时间管理能力

时间管理能力是指个体对时间的控制能力，是人们为了提高时间的利用率而对时间进行合理规划和管理的能力。事实上，时间管理的对象并不是时间本身，而是管理时间的人。时间管理的本质是：管理时间的人通过树立正确的时间观念，增强时间意识，进行科学规划，合理分配时间，高效利用时间，最终达到在有限的时间内完成更多工作的目的。

进行时间管理就是为了在劳动过程中避免时间浪费，选择和利用科学的方法手段，使劳动结果向预期的目标靠拢。时间管理的内容主要包括：完成某项劳动任务之前，预估所需时间；利用分割和集中的方法增加劳动的时长，合理使用时间；总结时间的利用情况，找出浪费时间的原因并着力改进；用定时定量的方法管理时间。

在职场工作中,人们经常使用的时间管理方法有:六点优先工作制、四象限法则、ABC 时间管理法等。

1. 六点优先工作制

它要求人们把每天所要做的事情按重要性排序,分别用序号 1～6 标出。每天的工作按照标注的顺序一一进行,直至完成。

2. 四象限法则

四象限法则是著名的管理学家科维提出的时间管理理论,他把工作按照重要和紧急两个维度划分为 A 至 D 四个象限(图 3-1)。

(1) A:既紧急又重要的工作,例如:紧迫、有时限的项目或亟待解决的重要问题,必须立即去做。

(2) B:不紧急但重要的工作,比如:制订预防措施、规划和审议、团队建设、团队和成员发展等。

(3) C:紧急但不重要的工作,比如:不必要的会议、访客突然到访等。

(4) D:既不紧急也不重要的工作,不会影响工作进程,可做可不做的工作。

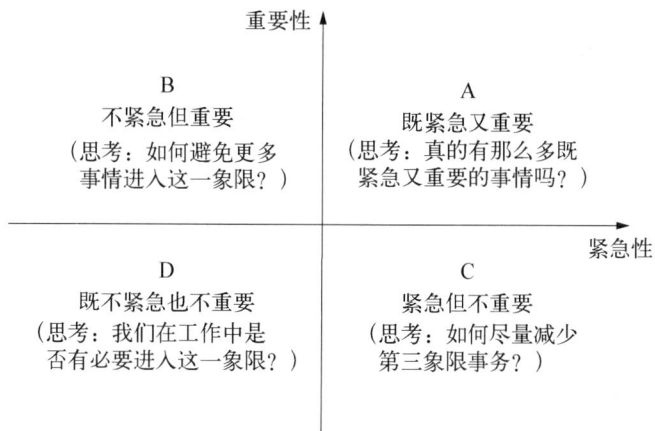

图 3-1　紧急—重要四象限法则

3. ABC 时间管理法

美国管理学家莱金建议,为了有效地管理和利用时间,每个人都需要为自己定下三个阶段性的目标,即长期目标(今后 5 年欲达到的目标)、中期目标(今后 2～3 年实现的目标)、短期目标(现阶段要达到的目标)。将各阶段的目标分为 A、B、C 三个等级,A 级为最优先(必须完成的)目标,B 级为较重要(很想完成的)目标,C 级为不重要(可暂时搁置的)目标。使用 ABC 时间管理法,可以帮助劳动者对事件的轻重缓急作出判断,提出处置措施,提高工作效率。

表 3 - 1　ABC 时间管理法

| 等级 | 工作比例 | 特　征 | 管理要点 | 时间分配 |
|---|---|---|---|---|
| A 级 | 占工作总量的 20%～30% | (1) 最重要,具有本质上的重要性;<br>(2) 最迫切,具有时间上的迫切性;<br>(3) 影响大 | (1) 重点管理;<br>(2) 必须做好;<br>(3) 现在就做;<br>(4) 亲自去做 | 占工作总量的 60%～80% |
| B 级 | 占工作总量的 30%～40% | (1) 重要;<br>(2) 一般迫切;<br>(3) 后果影响不大 | (1) 一般管理;<br>(2) 最好亲自去做;<br>(3) 可以授权别人办理 | 占工作总量的 20%～40% |
| C 级 | 占工作总量的 40%～50% | (1) 无关紧要;<br>(2) 不迫切;<br>(3) 影响小或无后果 | 均不必管理,可以授权 | 不占工作时间 |

### (四) 沟通表达能力

沟通表达能力是指一个人与他人有效地进行信息交流、传递的能力,包括外在技巧和内在动因。沟通表达旨在取得沟通各方的理解和认同,以使个人或群体间的行为相互适应,具有随时性、双向性、情绪性和互赖性等特点。沟通表达在满足人的社会性需求,促进个体自我认知和成长,帮助控制情绪,促进个人身心健康等方面发挥着重要作用。人是社会化的动物,社会发展是人与人相互作用的结果,而个人的发展则与和他直接或间接进行交往的其他人的发展息息相关。因此,沟通表达能力是一个人在劳动过程中所必备的能力,也是一个人取得成功的必要条件。

在劳动过程中,沟通是无时无刻不在进行着的事情。沟通的类型也十分复杂,方式多种多样:按沟通手段,可将其划分为口头沟通、书面沟通、非语言沟通、技术设备支持的沟通;按沟通渠道,可将其划分为正式沟通、非正式沟通;按沟通方向,可将其划分为下行沟通、上行沟通、平行沟通;按是否需要反馈,可将其划分为单向沟通和双向沟通。尽管沟通的类型多种多样,但沟通过程都包含发送—接受者、信息、渠道、噪声、环境和反馈六个基本要素。

沟通表达是青年大学生必须具备的能力,为此大学生必须掌握沟通表达的技巧,从而获得良好的信息反馈,进而高质量地完成工作任务。良好的沟通表达能力主要表现为以下几点:

第一,较强的同理心。沟通的首要技巧在于是否拥有同理心,即学会从对方的角度考虑问题,这不仅包括理解对方的处境、思维水平、知识素养,而且包括维护对方的尊严,增强对方的自信,请对方说出自己的真实感受等。

第二,善于倾听。在沟通表达过程中要学会倾听,有效的倾听可以增强沟通效果,满足倾诉者的自尊心,真实了解沟通对象的所思、所想、所盼。

第三,正确地管理情绪。情绪管控对沟通至关重要,在沟通中不仅要管理好自己的情绪,也要照顾到对方的情绪。

第四,适切的赞美。适切的赞美能使人愿意沟通,在工作中,当你肯定同事的优点时,同事会更愿意帮助你并向你传授自身的经验。

第五,恰当地使用肢体语言。在沟通中,可以借助恰当的肢体语言辅助沟通,比如:与人保持适当的距离,用眼神交流,适当的面部表情等,都会对沟通效果产生积极的影响。

（五）解决问题能力

解决问题能力是指在面对特定目标,个体通过对知识、技能、思维等的综合运用而达到目标的一种能力。解决问题的过程包括发现问题、确定问题（即通过分析,找出真正的问题）、形成策略（选择方法）、专注执行（制订计划、执行计划）、整合成果（检查效果）、推广应用等步骤。

完成这些步骤的关键在于个体具有对事物发展的预见性、做出决定的决策力、制订解决方案后的执行力。

能够有效地解决工作实践中的各种问题，是大学生工作能力最直接的证明。在劳动过程中遇到问题，可以通过以下五个步骤解决。

1. 将问题分类

一般来说问题可以分为以下几类：

（1）恢复原状型问题。遇到这类问题，要把原本的状态设为预期，因为现状与过去的状况之间存在落差，我们要从落差中找到问题。

（2）防范潜在型问题。这类问题以及这类问题带来的损害不容易被直接观察到，但是如果不及时采取措施就会转化为显性问题。

（3）追求理想型问题。解决这类问题的困难之处在于如何设定理想状况的位置。

遇到问题，我们首先要确定问题属于哪一类，再按事情的重要性和紧急程度进行处理。

2. 将问题转化为具体课题

我们可用 SCQA 分析法将问题转化为具体课题。SCQA 分析法是指"状况—阻碍—问题—答案"的分析方法，这是一套麦肯锡公司常用的方法。

第一步是 S（situation）：状况，即描述当事人过去的经验、目前稳定的状态和未来的目标。

第二步是 C（complication）：阻碍，即假设一个影响目前稳定状态的事件，但它不一定是不良状态，只是影响了目前稳定状态的事件。

第三步是 Q（question）：问题，即用自问自答的形式来假设各种问题，也可以理解为疑问，疑问反映的是对当事人来说的重要问题。

第四步是 A（answer）：答案，也就是思考出来的问题的解决办法。

通过这个方法，我们可以有效地分析并解决问题。

3. 找出解决课题的备选方案

在解决问题的过程中，我们会有"思考解决策略"这个程序，草率地认为"只有这个方法了"是很危险的。因此,当我们想解决某个问题时,要思考多种方案,从多种解决方法中选出最合适的。

**4. 理性评估各种备选方案**

评估各种方案的标准包括:首先,方案能解决问题,如果花时间和精力选择的方案不能解决问题,那它就毫无意义;其次,解决方案必须是合理合法的;最后,要考虑现实的制约条件。

**5. 选出合适的策略并采取行动**

选择了正确的解决策略,就要制订行动计划;制订了行动计划,就要有足够的执行力去执行。如果执行力不足以支撑完成计划,可考虑缩减行动的规模和范围。

**（六）团队协作能力**

团队协作能力是指建立在团队的基础之上,发挥团队精神、互补互助以达到团队最大工作效率的能力。对于团队成员来说,不仅要有个人能力,更需要具备在不同的位置上各尽所能、与其他成员协调合作的意识与能力。

团队在提高组织的运行效率和竞争力等方面具有重要的作用,主要体现在以下几个方面:

（1）团队具有激励作用。一般情况下,有团队的其他成员在场,个体的工作动机就会被激发得更强,工作效率会比单独工作时更高。

（2）团队具有内在吸附力和凝聚力。个体在团队中会产生不同于个体在单独环境中的行为反应效果。在团队中,成员的心理指向都自觉地或比较自觉地朝向组织,寻求组织发展,实现团队目标。

（3）团队可以促进自我成长。团队成员之间会自觉不自觉地形成相互影响、交流、互补、促进的局面,从而不断地提高个体的认知水平,促进自我成长。

（4）团队可以提升自我价值感。团队成员只有协同作战,建立互信,共同努力,克服障碍,才会取得成功,这也有助于提升个人的自我价值认同感。

因此,大学生走入职场后,应积极融入团队,提升自身的团队协作能力。提升团队协作能力可以从以下几个方面入手:

第一,要讲究诚信。诚信是做人的基本准则。美国心理学家乔治·赫华斯根据多年的研究,把"与同事诚信合作"列为成功的九大要素之首,足见诚信的重要性。

第二,要尊重他人。尊重没有高低之分、地位之差、资历之别。团队成员在尽量保持自我个性的同时,应平等待人、有礼有节、尊重所有人,让他人感受到自己的重要性。这对一个团队来说意义重大。

第三,要宽以待人。宽容的核心是宽厚、容纳、容忍、谅解。只有宽容对待团队中的成员,别人才会宽容地对待你,团队的默契合作才能实现。

第四,要理性信任。团队是一个协作互补的群体,它需要团队成员之间建立一种理性信任的关系。

## 三、劳动创造能力

当前,世界多极化趋势不断加强,各国综合国力的竞争日益激烈,综合国力的竞争说到底是科技创新的竞争。在激烈的国际竞争中唯创新者进,唯创新者强,唯创新者胜。习近平总书记多次强调:"创新是一个民族进步的灵魂,是一个国家兴旺发达的不竭动力,也是中华民族最深沉的民族禀赋。"因此,当代青年需要充分认识到创新对于国家民族发展的重要性,弘扬勇于创新变革的精神,始终保持锐意进取、开拓创新的精神,让创新成为自身学习和实践中的常态,肩负起使命,不辜负党的期望、人民的期待和民族的重托。

劳动创造能力是指劳动者在劳动过程中提出新思想、开发新产品的能力。一个具有劳动创造能力的人往往能摆脱具体的感知情景、思维定式、传统观念和习惯势力的束缚,在看上去习以为常的事务和现象中发现新的联系。例如,作家在头脑中构思新的人物形象,创作新的作品;科学家提出新的理论模型,并用实验证实这些模型等,这些都是创造能力的具体表现。劳动创造能力主要表现为发现问题能力、流畅思维能力、灵活变通能力、独立创新能力。

**（一）发现问题能力**

发现问题能力是指发现那些令人难以觉察的、隐藏在一般现象背后的问题的能力。具备这种能力的人能够意识到存在于周围环境中的矛盾、冲突、需求，意识到某种现象的隐蔽之处，意识到寻常现象中的不寻常之处。爱因斯坦曾说，发现一个问题往往比解决一个问题更为重要，因为解决一个问题也许只是一个数学上或实验上的技巧问题，而提出新的问题、新的可能性，从新的角度看待旧问题，却需要创造性的想象力。例如，对于两块大小不同的石头从同一高度落下，却能同时落地这一现象，没有人对亚里士多德关于物质下落的速度和它的质量成正比的结论提出质疑，只有伽利略发现了其中问题。这一发现促使他进行了比萨斜塔实验，证明了铁球的下落速度同它们的质量无关，从而纠正了影响人们两千多年的谬误。

发现问题的能力是一种善于思考的能力，是一种善于从已知中发现未知的劳动创造能力，是推进个人工作不断进步的动力。因此，新时代大学生在学习、工作中应不断提升自身发现问题的能力。

首先，要注重培养自己的问题意识，在认识活动中要多思考，敢质疑，时刻保持一种怀疑、思索探究的心理状态。

其次，要勤于观察、注重细节，保持敏锐的思考力，不断接近问题的本质，挖掘并研究潜在的问题。

再次，要多进行思维训练，即通常的程序无法说明和解释的那部分思维活动，突破以往的认知信息和信息加工方式的阻碍，努力发展自己的思维能力。

最后，要不断完善自身的知识结构，在此基础上才能对司空见惯的一般现象进行延展性思考，从而发现新的问题。

**（二）流畅思维能力**

流畅思维能力是指个体就某一问题情境能顺利产生多种不同的反

应,给出多种解决办法或方案的能力。它是以丰富的知识储备和较强的记忆力为基础的。个体能够根据当前情况激活知识,调动大脑中储存的信息,并进行创造性思维,从而提出大量新的观点。流畅思维能力对劳动创造具有重要意义,一个人提出的设想越多,他提出有创造性想法的可能性也就越大。

流畅思维能力具有一定的先天性,但在后天的学习、工作过程中有计划、有目的的训练,对个体的流畅思维能力产生的影响更大、更深。我们可通过以下几种方法在学习与工作中逐步提升自身的流畅思维能力:

(1)推陈出新训练法。当看到、听到或者接触到新的事物时,应当尽可能赋予它们新的性质,摆脱旧有方法的束缚,运用新观点、新方法、新理论进行思考。

(2)聚合抽象训练法。把所有感知到的对象依据一定的标准聚合起来,显示出它们的共性和本质,对共性问题进行分析,形成若干分析群,进而抽象出本质特征。

(3)循序渐进训练法。事先对某个设想进行严密思考,然后借助逻辑推理等形式,把结果推导出来。

(4)生疑提问训练法。敢于对现有事物、对过去一直被人认为是正确的东西,或对某种固定的思考模式提出质疑,并提出新观点和新建议,并能运用各种证据证明新结论的正确性。

(5)集思广益训练法。通过在团体中畅通交流,集合众人的智慧,广泛吸收有益意见,从而提高思维能力。

**(三)灵活变通能力**

灵活变通能力是指个体思维迅速、能顺畅地从一类思考对象转变到另一类思考对象的能力。具有这种能力的人能够从一种思想转换到另一种思想,或者从多角度思考问题,能用不同分类或不同方式研究、解决问题。灵活变通能力具有三个特点:

第一,综合性。它把人的认识能力、判断能力、决断能力、创新能力、优化能力结合了起来。

第二，随机性。它没有一个固定模式，需要因人制宜、因事制宜、因时制宜、因势制宜。

第三，时效性。它要求个体在很短的时间内拿出应对举措并实施，延误时间就会错失良机。

具有灵活变通能力的人一般都能根据客观情况的变化机动地解决问题，他们灵活应变，不囿于条条框框，敢于提出新观点，思想活跃。而缺乏变通能力的人往往机械呆板、墨守成规，没有创新精神。突发情况最能考验一个人的变通能力，具有这种能力的人能够及时有效地控制局面、降低损失、扭转局势，可以说灵活变通能力是任何一个职业都需要的。

灵活变通能力在决策活动中运用广泛，它促使每一个决策主体在工作环境中审时度势，针对不同的对象、不同的内外关系、不同的决策环境，灵活机动地做出决策。同时，也要注意把灵活性与原则性结合起来，把可变性与稳定性结合起来，防止在决策时随心所欲、变化无常。

### （四）独立创新能力

独立创新能力是一种具有不同寻常的思想和寻求新奇的、独特的解决问题方法的能力。具有独立创新能力的人往往能提出新的思想，实现新的突破，勇于开拓创新。独立创新能力是创新能力最本质最核心的要素，反映了一个人创新能力水平的高低。同时，独立创新能力是劳动者在创新活动的各个阶段、各个领域都需要具备的重要的能力要素。无论是在技术产品开发上，还是在生产、管理和市场开拓上，或是在日常学习和生活中，都需要运用独立创新能力。

对于大学生来说，提高自身在劳动实践中的独立创新能力需要做到以下几点：

首先，应具有强烈的事业心和使命感。具有强烈的事业心和使命感的人会不断寻求新的突破。一个对自己所从事的工作毫无责任心的人，通常不会积极主动地开动思维机器，更遑论创造性地解决遇到的问题。

其次,应不断丰富自己的知识储备。没有丰富的知识作基础就难以产生联想,只有利用知识的相似点、交叉点、结合点引发思维转向,由一条思维路线转移到另一条思维路线,才能实现思维创新。

最后,应坚持思维的相对独立性。思维的相对独立性是进行独立创新的必要前提。提高创新思维能力必须在实践中不迷信前人,不盲从经验,不盲信已有的成果,独立地发现问题,思考问题,找到新的解决问题的有效方法。

# 第三节　积极的劳动精神

劳动精神是指劳动者在劳动中展现的精神状态、精神面貌、精神品质。[①] 新时代劳动精神蕴含着深刻而丰富的思想内涵,它以马克思主义劳动观为逻辑起点,以中华优秀传统文化为历史逻辑,以社会进步、时代发展为现实逻辑,科学阐释了人类的精神文化之美。新时代大学生肩负着中华民族伟大复兴的时代使命,要努力做劳动精神的弘扬者和践行者,用实际行动展现新时代勤俭节约、砥砺奋斗、开拓创新、敬业奉献的劳动精神。

## 一、勤俭节约

《左传》有言:“俭,德之共也;侈,恶之大也。”诸葛亮《诫子书》中说:“静以修身,俭以养德。”在中国人长久以来的价值观里,尚俭不仅是一种行为方式,更是一种德行,是中华文明的重要组成部分。今天我们提倡勤俭节约,是要继承和发扬劳动精神,让人们在勤俭节约中养成尊重劳动和珍惜劳动成果的品质。

### (一)勤俭节约是中华民族的传统美德

勤俭节约是中华民族的传统美德,是中华民族世代相传的精神财

---

① 贺兰英:《中国特色社会主义劳动精神的内涵》,《南方论刊》2018 年第 5 期。

富,更是中华民族百折不挠、生生不息的力量源泉。习近平总书记强调:"不论我们国家发展到什么水平,不论人民生活改善到什么地步,艰苦奋斗、勤俭节约的思想永远不能丢。"勤俭节约不仅在物资匮乏的年代要做到,在生活优渥的时期更加需要坚守。只有这样,家庭的幸福生活才更长久,社会才能稳步向前,国家才能繁荣富强。

**（二）新时代仍需厉行勤俭节约**

环顾我们身边,出现了一些"舌尖上的浪费""消费主义"不良现象,一些人陷入挥霍浪费、透支消费的怪圈,这显然与我们所倡导的尊重劳动和珍惜劳动成果的理念大相径庭。如果任由铺张浪费成为习惯,成为在全社会蔓延的不良之风,就有可能积习难改、积重难返,造成严重后果。因此,我们有必要重申"厉行节约、反对浪费"的深刻意义,让更多人自省自励、引以为戒。

由俭入奢易,由奢入俭难。使勤俭节约在全社会蔚然成风,不仅需要我们每个人把勤俭节约付诸实践,更需要让克勤克俭、戒奢以俭的价值理念真正深入人心。新时代大学生是祖国的未来,让他们养成勤俭节约的习惯,其意义绝不止在减少浪费,更重要的是使他们懂得劳动成果来之不易,让新时代劳动精神内化于心,发扬光大。

新时代大学生应大力弘扬中华民族勤俭节约的优良传统并做到以下几点:

一要树立节约意识,自觉做勤俭节约的宣传者,做铺张浪费的抵制者,坚决抵制享乐主义和奢靡之风,把勤俭节约、艰苦奋斗的理念内化于心、外化于行。

二要厉行勤俭节约,文明理性消费,养成良好的消费习惯,培养健康的生活情趣;从节约一滴水、一张纸、一度电做起,在学习、生活中严格遵守厉行节约的各项规定,珍惜劳动成果。

三要传承勤俭家风,带动家庭成员树立浪费可耻、节约光荣的理念,从节约一粒米这样的小事做起,自觉养成并长期践行克勤克俭的生活作风。

## 二、砥砺奋斗

中国人民自古就明白,世界上没有坐享其成的好事,要幸福就要奋斗。伟大的奋斗精神根植于博大精深的中华文明中,勃发于日积月累的社会实践中,凝结于日新月异的创新创造中。砥砺奋斗精神虽然充分体现在革命战争年代,但依然是新时代劳动精神的重要内容。

### (一)崇尚奋斗是中华民族的精神传统

奋斗是中华文明的兴盛之源。几千年来,每个历史时期所拥有的丰富的物质和精神文明,都是劳动人民奋斗的结晶,这些文明成果凝结着中华民族砥砺奋斗的劳动精神。

中国近现代史是一代又一代仁人志士和人民群众为救亡图存而不懈奋斗、艰苦探索的历史。全国各族人民在中国共产党领导下进行了伟大而艰苦的斗争,经过新民主主义革命,我们赢得了民族独立和人民解放;经过社会主义革命、建设,我们把一个积贫积弱的旧中国逐步建设成为了繁荣昌盛的社会主义国家。历史和实践充分表明,伟大的奋斗精神是我们党和国家最闪亮的精神标识。

奋斗是"两个伟大革命"之魂。习近平总书记指出,我们要不忘初心、牢记使命,继续以逢山开路、遇水架桥的开拓精神,开新局于伟大的社会革命,强体魄于伟大的自我革命,在我们广袤的国土上继续书写近14亿中国人民伟大奋斗的历史新篇章。这"两个伟大革命",不仅指明了新时代中国共产党人的奋斗目标,而且指明了为之奋斗的精神状态。

### (二)准确理解奋斗精神的内涵

新时代大学生是担负实现中华民族伟大复兴重大使命的一代,理应自觉传承和弘扬砥砺奋斗精神,汲取其精髓和力量,领悟奋斗精神所蕴含的积极向上、实干兴邦、坚韧顽强的深刻内涵,为新时代劳动精神注入新活力。

奋斗精神是一种积极向上的精神状态。无论顺境逆境,前行的步伐从未停止,这既源于个人内心的坚守,也源于个人对未来美好前景的憧憬和笃定。周恩来在年少时就立下"为中华之崛起而读书"的奋斗目标，并毕生为之而努力，这展现了其为国家和民族奋斗的伟大精神和责任担当。马克思在中学时期就坚定地选择为人类的幸福而奋斗，自此风雨兼程，为追求真理不惧颠沛流离与贫病交加，最终成为理想与现实、思想与行动、信仰与实践合一的光辉典范。作为新时代大学生，我们要懂得：人生旅途上不会总是顺风顺水，愈是在艰难困苦的时刻，愈要秉持奋斗精神。只要我们拥有奋发向上的精神和坚定前行的力量，理想和目标便如灯塔般醒目，指引着我们奋勇前进。

奋斗精神是一种改造世界的实干精神。"纸上得来终觉浅，绝知此事要躬行。"中国人民历来讲求知行合一，信奉实干兴邦。一百年来，我们党团结带领中国人民克服重重困难，取得了革命、建设、改革的伟大成就，实现了从站起来、富起来到强起来的伟大飞跃，靠的就是伟大的实干精神。邓小平说："不干，半点马克思主义都没有。"我们要实现伟大的"中国梦"，尤需敢啃硬骨头、敢涉险滩的实干精神，不惧各种阻力，奋力扫清障碍，铺平前进道路，把早日实现人民期待的幸福美好生活作为我们的奋斗目标。

奋斗精神是一种勇往直前的拼搏精神。任何一项事业获得成功都有可能遇到艰险，艰险如一面镜子，照出弱者的怯懦和强者的坚韧。要干事业就难免会有牺牲，牺牲自己的时间、精力乃至生命。塞罕坝的建设者们将自己的青春与力量都撒播在治沙的坚守中；抗击新冠肺炎疫情中逆行的医务工作者们将自己的生命与安全置之度外，为的是护佑更多人的安康。他们很好地诠释了什么是拼搏精神、奋斗精神。

**（三）新时代建设需要永葆砥砺奋斗精神**

中华民族伟大复兴这项光荣而艰巨的事业，需要每一个人付出艰辛努力。作为新时代大学生，要敢于有梦、勇于追梦、善于圆梦，葆有初心、坚持奋斗，为新时代劳动精神添加新的注脚、丰富新的内涵。

1. 树立奋斗志向

有志向，就能心怀远大、胸怀梦想；有奋斗，就能登高望远、行稳致远。奋斗是艰辛、长期和曲折的,具有传承性和时代性。特别是在世界多极化、经济全球化、社会信息化、文化多样化深入发展的当下,青年大学生更要有长期奋斗的思想准备。青年学生必须清醒地认识到,中华民族伟大复兴绝不是轻轻松松、敲锣打鼓就能实现的,它离不开持之以恒、充满韧性的伟大奋斗。

### 2. 提升奋斗本领

有多大担当才可能干多大事业,付出多大努力才可能有多大成就。只有能力拔节生长,奋斗才能永不止步。作为青年大学生,我们应认真学习新知识、掌握新技能、增长新本领、创造新条件,要勤于学习,学文化、学科学、学技能,学各方面知识,不断提高综合素质,练就过硬本领,干一行、爱一行、钻一行、专一行,这样才能够成就闪光的人生。

### 3. 保持奋斗姿态

历史只会眷顾坚定者、奋进者、搏击者,而不会等待犹豫者、懈怠者、畏难者。正如习近平总书记所说:"社会主义是干出来的,新时代也是干出来的。"前进道路上,有需要攻克的"娄山关""腊子口",有各种苦难和曲折。当代大学生在走向工作岗位时,也可能会面临各种困难和问题,这需要我们保持恒心、决心和毅力,激扬始终奋进于时代潮头的精气神。

## 三、开拓创新

创新是人类特有的实践活动与实践方式,是民族进步的不竭源泉和永恒动力,是新时代劳动精神的核心。对国家而言,创新是引领发展的第一动力。一个民族要想走在时代前列,成为时代的引领者,就一刻也不能没有创新思维,一刻也不能停止创新。因此,新时代大学生应当具备创新思维,打破思想禁锢,突破原有行为模式,以新的理念、新的方法和新的路径解决问题。

### (一)创新根植于中华民族的历史实践

中国传统文化价值观蕴含着丰富的思想内涵,其中就包括求新求变的创新精神。"苟日新,日日新,又日新",说的是求新;"穷则变,变则通,通则久",讲的是求变。创新精神是人们对创新活动所持有的价值理念,是求新求变的必然选择,它深深植根于中华民族的历史实践中。

1. 纳新接远的文明交往

我国是一个由多个民族共同组成的统一的国家。多民族人民共同塑造出吐故纳新、开放包容的文明气度,从汉唐盛世开辟的古代丝绸之路,到洋务运动开启的中国现代化进程,再到新时代着力构建人类命运共同体,全面扩大对外开放,皆是这一气度的体现。

2. 达变求新的文化更迭

春秋战国时期诸子并起、百家争鸣,先贤从不同角度提出新的思想学说,奠定了中华传统文化体系的基础。现代"新文化运动"主张创新中国文化,为中国现代化进程提供新的精神动力。改革开放以来,我们坚持解放思想、实事求是,在实践基础上不断创新,走出了一条中国特色社会主义道路。

3. 独具匠心的技术发明

中华民族素有"夺天工而开物"的传统。几千年前我们的祖先就掌握了取火、制陶、冶炼、铸造等技术,发明了各种生产生活器具,制定了历法。我国古代的"四大发明"是中华民族领先世界的创新成就,对世界文明的进程产生了巨大影响。

**（二）新时代创新精神的新内涵**

习近平总书记指出,抓创新就是抓发展,谋创新就是谋未来。弘扬创新精神是把握发展主动权的必然要求,是实现创新驱动发展的关键。创新精神是具有鲜明时代特征的劳动精神,就其内涵而言,解放思想是其基本前提,对外开放是其必要条件,人民立场是其价值取向。

1. 解放思想是创新精神的基本前提

解放思想最大的敌人是思维定式和主观偏见,解放思想最大的障碍是面对新情况仍用"老办法"。敢于创新就是要勇于打破惯性思维,更新思想观念,转变思维方式。善于创新要有敢为人先的锐气,以思想的新飞跃打开工作的新局面。

**2. 对外开放是创新精神的必要条件**

对外开放就是要主动参与和推动经济全球化进程,加强同世界各国的互融、互鉴、互通。习近平总书记指出,自主创新不是闭门造车,不是单打独斗,不是排斥学习先进,不是把自己封闭于世界之外。

**3. 人民立场是创新精神的价值取向**

党的十九大报告指出:"中国特色社会主义进入新时代,我国社会矛盾已经转化为人民日益增长的美好生活需要和不平衡不充分的发展之间的矛盾。"中国社会主要矛盾的变化,要求我们必须坚定不移地将人民立场作为价值取向,以创新精神开拓进取,不断满足人民群众对美好生活的向往。

### (三) 大学生应充分彰显创新活力

在新时代的历史坐标上,科技发展日新月异,智能化、电子化、机械化、高科技化成为时代的鲜明特征,劳动形态也随之发生了巨大的变化。大学生需要适应、引领新时代飞速前进的步伐,在不同的劳动形态中培养创新精神,实现创造性劳动及劳动成果的创造性转化,充分彰显新时代劳动精神。

**1. 培养勇于探索的精神**

探索精神主要由好奇心、兴趣和求知欲等因素构成。

(1) 强烈的好奇心。具有创新精神的人往往有强烈的好奇心、旺盛的求知欲,酷爱探索和钻研。个体只有对客观世界有好奇心,才会产生观察事物、解决问题的兴趣,才能有志于探索、思考和创新。

(2) 稳定的兴趣。个体对客观世界的某些现象或问题产生浓厚的兴趣,就会积极进行观察和思考,从而产生旺盛而持久的探知欲望,穷究根源并做出解答。兴趣还能增强个体的勇气与决心,使个体千方百计地去克服困难、排除障碍、解决问题。

(3) 旺盛的求知欲。求知欲是指探索某些现象发生的原因、探究客观事物变化的规律和寻求解决问题的办法的内心欲望。个体只有具备强烈的求知欲,才能有不畏困难、坚持探索、不达目的誓不罢休的雄心和勇气,并最终取得成功。

### 2. 注重创新意识的养成

创新意识主要由创新动机、创新情感和创新意志三个方面构成。

(1)抓住创新动机。

良好的动机是激发和维持个体的活动,并使这种活动朝着一定目标努力的内部心理倾向。创新动机是引起和维持个体进行创新行动的内在驱动力,是创新行为的动力基础。这种动机一旦萌发就要紧紧抓住,方能取得创新性成果。

(2)坚守创新情感。

情感是人对事物态度的体验,如果对创新的态度是认可的,那么就会相应产生热爱、崇尚的情感体验。创新情感是指创新主体对创新的主观情感体验,包括对创新及创新过程涉及的各方面内容的情感体验。它是创新主体进行创新活动的情感力量,对创新活动的维持和调节起着关键性作用。意欲创新,须要坚守创新情感。

(3)锻炼创新意志。

创新也是一种意志行为,创新的特征就是克服困难,做前人和别人没有做过的事。创新意志是有意识、有目的、有计划地调节和支配创新活动的心理现象。培养坚强的创新意志,持续发力、久久为功,那么创新成果可期。

### 3. 养成创新思维方式

培养创新思维最基本的方法就是尽量突破自己的思维边界,排除创新思维障碍。

第一,要勇于打破传统观念。受传统观念的影响,人们往往会因循守旧、墨守成规,用老眼光、老套路、老办法面对新问题。

第二,要敢于质疑固定观念。由于观念在思维中的惯性作用,人们总是习惯用现有的观念去认识、评价自己面对的问题,而不管这个问题是否超出了现有实践和经验的范围,于是产生了所谓固定观念。

第三,善于打破思维定式。思维定式是指心理活动的一种准备状态,它影响人们思考、解决问题的倾向性。人们思考问题时,或多或少会在头脑中留下一种思维惯性,这种思维惯性使人们在新问题面前仍然习惯性地依据原有的思路进行思考。

## 四、敬业奉献

敬业是中华民族的优良传统,它是指劳动者尊重自己的职业,对自己从事的工作认真负责、尽心尽责。奉献是自古以来就受到提倡的崇高精神和品德。敬业奉献就是用一种恭敬严肃的态度对待自己的工作,并要勇于牺牲、舍己为人,是新时代劳动精神的底色。

### (一) 敬业奉献是中华民族文明进步之源

敬业奉献既是一种高尚的情操,也是一种平凡的精神,既表现为在国家和人民需要的关键时刻挺身而出,也渗透在人们日常的工作和生活中。在几千年的历史长河中,中国人民守望相助、勇于付出,留下了许多关于奉献的事迹。李大钊为追求真理而捐躯,任长霞为追求正义而殉职,董存瑞为人民解放而牺牲,邓稼先为科学事业而献身,这些都表明中华民族的进步离不开劳动者的敬业奉献。

### (二) 大学生要用敬业奉献诠释责任担当

对于大学生而言,每个人都能够在家帮助父母做力所能及的事情;在学校积极参与班级建设,乐于助人,爱惜集体荣誉;在进入职场后能爱岗敬业,乐于付出;在社会生活中热心公共事业,积极参加公益活动,用行动诠释责任担当。

#### 1. 树立正确的义利观

义利观是一种经济伦理思想。义者,事之所宜也,是某种特定的伦理规范、道德原则;利者,人之用曰利,后世多指物质利益。如何看待二者的关系,即所谓义利观。我们要肯定物质利益的作用,但也要反对见利忘义、唯利是图的行为,要坚持把国家利益、集体利益放在首位。

2. 正确处理奉献与获得的关系

奉献是指个人劳动对社会利益的增益,索取是指个人向社会提出的补偿性或回报性要求。人与社会的关系包含了奉献与索取两个方面。我们要懂得:索取来自奉献,奉献是索取的前提。

3. 关心社会公益事业

积极参与、关心社会公益事业,有利于培养青年大学生助人为乐的高贵品质,展现他们勇于承担社会责任、为社会无私奉献的精神风貌。大学生可通过力所能及的方式,关爱和帮助他人,并在对他人的奉献中收获实现人生价值的快乐。

## 课 后 思 考

1. 简述大学生劳动情感、劳动态度、劳动习惯的主要内容。

2. 大学生应具备哪些劳动能力?你准备如何提升自己的劳动能力?

3. 新时代劳动精神的内容包括哪些?大学生应如何弘扬劳动精神?

# 第四章 新时代大学生的劳动实践

【学习目标】

    1. 理解大学生参与各类劳动实践的意义；

    2. 掌握大学生劳动实践的主要内容；

    3. 参与具体的劳动实践。


【章节导读】

    劳动实践作为劳动教育的关键环节，其核心任务是让大学生完成真实、综合的实践任务，经历完整的劳动过程。因此，大学生应积极参与日常生活劳动、服务性劳动、生产劳动，在劳动实践中丰富劳动体验，提高劳动能力，形成深厚的劳动情感、积极的劳动态度、良好的劳动习惯，深化对劳动价值的理解。

## 第一节　日常生活劳动

    日常生活劳动是指可以直接满足生活需求的劳动，是一种与日常生活紧密联系的社会实践活动，是劳动最基本的形式。虽然它并不像生产劳动那样直接生产产品，但却与个体的生活方式、生活环境、生活境况息息相关，直接体现和影响人的审美情趣、文明素养和幸福体验。① 大学生在日常生活中的劳动主要有寝室整理美化、校园垃圾分类和勤工助学等。

# 一、寝室整理美化

大学寝室是大学生业余休闲、日常自习、晚间休息的多功能场所，是大学生的重要活动空间，大学生寝室内务的整理美化不仅是大学生自理能力的重要体现，也是衡量大学生个人修养的重要指标之一。

## （一）寝室整理美化的意义

### 1. 有利于大学生养成良好的生活习惯

大学生的寝室成员由来自不同地域、不同民族、不同性格的青年组成，寝室是大学生精神风貌和素质修养的展示窗口，更是学生进行自我教育、自我管理、自我服务的重要场所。寝室整洁、美化的程度不仅是每个成员生活习惯的集中体现，寝室环境的状况也反作用于个人生活习惯的养成。大学生坚持长期打扫宿舍卫生、整理被褥、合理收纳归置个人物品，有利于形成良好的生活习惯。

### 2. 有利于大学生营造良好的学习氛围

寝室不仅是大学生活中的休息场所，也是重要的学习空间。保持干净、整齐、舒适的寝室环境，使自身心情愉悦，有助于大学生提高学习效率，形成积极向上的生活态度和生活方式。

### 3. 有利于大学生培养团队合作的意识

良好的寝室环境需要寝室成员共同营造和维护，维护良好的寝室环境可以促进大学生形成团队协作意识，大家为了共同的"家"付出努力，不仅可以增进舍友间的感情，还可以使他们学会尊重和珍惜劳动成果。

## （二）大学生参与文明寝室建设

### 1. 文明寝室建设要求

寝室是大学生学习、生活的重要场所，寝室的整齐、文明、美化直接

---

① 孙家学、耿艳丽、邵珠平：《新时代高校劳动教育通论》，高等教育出版社 2021 年版。

体现大学生的精神面貌和个人素质,直接关系大学生的身心健康。

（1）在日常生活中,大学生应积极使寝室达到"六净""六无""六整齐"的要求。

六净:地面干净、墙面干净、门窗干净、玻璃干净、桌椅橱干净、其他物品整洁干净。

六无:无杂物、无烟蒂、无乱挂现象、无蛛网、无酒瓶、无异味。

六整齐:桌椅摆放整齐,被褥折叠整齐,毛巾挂放整齐,书籍叠放整齐,鞋子摆放整齐,用具置放整齐。

（2）大学生每天应自觉做到"六个一"、自觉遵守"六个不",维护寝室良好的生活环境。

六个一:叠一叠被子、扫一扫地面、擦一擦台面、整一整柜子、理一理书架、倒一倒垃圾。

六个不:不进出异性寝室,外人来访不留宿,危险物品不能留,违规电器不使用,公共设施不损坏,果皮、纸屑不乱扔。

（3）寝室内杜绝不文明行为,不养宠物,不抽烟,不在门口丢放垃圾。

**2. 特色寝室建设**

特色寝室建设宣扬的是一种文化,是一种相互影响、彼此照应、和谐共进的良好氛围,对学生文化修养、综合素质等各方面的提高有着很大的促进作用。

（1）室名设计。

各寝室可以根据本寝室的特点取一个寝室名。寝室名应言简意赅,可引自诗词、蕴含哲理,或用以自勉、催人奋进,如"知行屋""修身堂"等。

（2）寝室风格设计。

各寝室应确定自己寝室的风格,如温馨、活泼、优雅等。可通过装饰地面、墙壁、天花板来凸显寝室风格,或悬挂健康向上的书画作品,或摆放富有特色的饰品,或利用照片、彩带等进行装饰。

（3）寝室装饰品制作。

大学生可以根据自己的兴趣特长设计手工制品，如寝室小相册、十字绣小挂件等小物品。

3．寝室美化设计与创意

（1）美化原则。

第一，简单、大方。寝室面积不大，没有必要摆放过多的装饰品，否则会显得杂乱。第二，温馨、舒适。寝室是放松休息的地方，在美化时要烘托一种温馨、舒适的氛围，让寝室充满家的温暖气息。第三，营造学习氛围。寝室不仅是放松休息的场所，也是学习的场所，在美化时，要在色彩、风格设计上考虑学习因素，打造一个安静的学习空间。

（2）创意要点。

第一，彰显寝室文化。每个寝室都有不同的文化，在美化时要充分考虑自己寝室的特点，做出别有新意的美化设计。第二，用材节约，变废为宝。低碳、环保不仅是当下的流行概念，更是我们应践行的生活方式。在美化寝室时可充分利用生活旧物或可回收物做成各种物件。第三，彰显个性。寝室由多个小空间组成，每个小空间都是使用者的"家"，在美化时，每个人应在兼顾整体风格统一的基础上，考虑自己的使用需求和审美偏好，打造属于自己的空间。

## 二、校园垃圾分类

垃圾分类是指按一定规定或标准将垃圾进行分类储存、投放和搬运，从而使其转变成公共资源的一系列活动的总称。垃圾分类的目的是提高垃圾的资源效益和经济价值，力争物尽其用，减少垃圾处理量和对处理设备的使用，降低处理成本，减少对土地资源的消耗。做好校园垃圾分类是大学生日常生活劳动的重要内容。

### （一）大学生参与垃圾分类的意义

首先，进行垃圾分类旨在提高资源利用率及其经济价值。大学生积极参与垃圾分类，既能养成尊重劳动的习惯，也能节约校园资源。其次,参与垃圾分类有利于大学生培养自身的创新精神。大学生通过解决在垃圾分类过程中遇到的实际问题,可以激发其创新创造能力。最后,参与垃圾分类可以帮助大学生获得劳动认同感,在实践锻炼的同时培养其勤俭节约、珍惜劳动成果的品质,促进其劳动精神的养成。

（二）垃圾分类的标准

2019 年 9 月,为深入贯彻落实习近平总书记关于垃圾分类工作的重要指示精神,推动全国公共机构做好生活垃圾分类工作,发挥率先示范作用,国家机关事务管理局颁布《公共机构生活垃圾分类工作评价参考标准》。2019 年 11 月,住房和城乡建设部发布了《生活垃圾分类标志》(GB/T 19095 − 2019)标准,将生活垃圾分为可回收物、厨余垃圾、其他垃圾和有害垃圾。

1. 可回收物

可回收物是指可以再生循环的或经过处理加工可以重新使用的生活废弃物,主要包括废纸、塑料、玻璃、金属和布料五大类。废纸主要包括报纸、期刊、图书、各种包装纸等,但是,纸巾和厕所用纸由于水溶性太强则不可回收;塑料主要包括各种塑料袋、塑料泡沫、塑料包装、一次性塑料餐盒餐具、硬塑料、塑料牙刷、塑料杯子、矿泉水瓶等;玻璃主要包括各种玻璃瓶、碎玻璃片、镜子、暖瓶内胆等;金属物主要包括易拉罐、罐头盒等;布料主要包括废弃衣服、桌布、洗脸巾、书包和鞋等。

这些垃圾经过综合处理或回收利用,可以减少污染、节省资源。如每回收 1 吨废纸可造 0.85 吨好纸,节省 0.3 吨木材,比等量生产减少 74% 的污染;每回收 1 吨塑料瓶可获得 0.7 吨二级原料;每回收 1 吨废钢可炼 0.9 吨好钢,比用矿石冶炼节约 47% 的成本,同时还可以减少约 75% 的空气污染,并减少约 97% 的水污染和固体废物。

2. 厨余垃圾

厨余垃圾包括剩菜剩饭、骨头、菜根菜叶、果皮等食品类废物,经生物技术就地处理堆肥,每吨可生产 0.6～0.7 吨有机肥料。家里用剩的废弃食用油,也归类在厨余垃圾内。在垃圾分类中,花生壳属于厨余垃圾;残枝落叶也属于厨余垃圾,包括家里开败的鲜花等。

### 3. 其他垃圾

其他垃圾主要包括砖瓦陶瓷、渣土、卫生间废纸、纸巾等难以腐烂变质的生活废物,对其进行卫生填埋可有效减少对地下水、地表水、土壤及空气的污染。如使用过的餐巾纸、卫生纸、尿不湿、妇女卫生用品等,都属于这类垃圾。

### 4. 有害垃圾

有害垃圾指含有对人体健康有害的重金属、有毒物质或者对环境造成现实危害或者潜在危害的废弃物,包括电池、荧光灯管、灯泡、水银温度计、油漆桶、部分家电、过期药品、过期化妆品等。这些垃圾一般会单独回收或进行填埋处理。

## 三、勤工助学

《高等学校学生勤工助学管理办法(2018 年修订)》规定:勤工助学活动是指学生在学校的组织下利用课余时间,通过劳动取得合法报酬,用于改善学习和生活条件的实践活动。

勤工助学活动应坚持"立足校园、服务社会"的宗旨,按照学有余力、自愿申请、信息公开、扶困优先、竞争上岗、遵纪守法的原则,由学校在不影响正常教学秩序和学生正常学习的前提下有组织地开展。

### (一)勤工助学的意义

勤工助学不仅是解决高校贫困大学生生活困难的重要途径,同时也是帮助大学生全面发展以提高自身素质的重要方式。

#### 1. 缓解大学生的经济压力

勤工助学活动是大学生自愿报名的有偿劳动,大学生可以在不影响正常学习的情况下,利用业余时间参与,通过劳动获得报酬以缓解家庭的经济压力。

#### 2. 锻炼大学生的思想品格

在勤工助学活动中,大学生能深深体会到劳动成果的来之不易,亲身感受到劳动的艰辛,进而理解父母供养之不易、学校教育之不易、国家培养之不易。勤工助学活动不仅有利于大学生树立在经济上自立、生活上自主、精神上自强的意识,而且有利于大学生形成正确的劳动观念,增强节俭意识,培养大学生艰苦朴素、勤俭节约、吃苦耐劳的品质。

3. 提高大学生的社会竞争力

勤工助学是一项有益的社会实践活动,可以使大学生开阔眼界,提前接触社会,逐步完成个人社会化的过渡。通过勤工助学岗位的锻炼,大学生可以把在学校里学到的专业知识充分应用到实践中去,并在实践活动中不断增长新的知识和才干,使勤工助学的内容与自身所学的专业知识密切结合,不断增强自己的劳动能力。

**(二)勤工助学的开展**

1. 勤工助学设岗原则

以每个家庭经济困难的学生月平均上岗工时原则上不低于 20 小时为标准,学校有关部门测算出学期内全校每月需要的勤工助学总工时数(20 工时×家庭经济困难学生总数),统筹安排、设置校内勤工助学岗位。

勤工助学岗位的设置既要满足学生的需求,又要保证学生不会因参加勤工助学而影响学习。学生参加勤工助学的时间原则上每周不超过 8 小时,每月不超过 40 小时。寒暑假勤工助学时间可根据学校的具体情况适当延长。

2. 勤工助学设岗类型

勤工助学岗位分固定岗位和临时岗位。固定岗位是指持续一个学期以上的长期性岗位和寒暑假期间的连续性岗位;临时岗位是指不具有长期性,通过一次或几次勤工助学活动即完成任务的工作岗位。

岗位类型主要包括行政管理助理、教学助理、科研助理和兼职辅导员等,学生可通过学校网站查看具体岗位的设置信息。

3. 勤工助学酬金标准及支付

校内固定岗位按月计酬。原则上,计酬以每月 40 个工时的酬金不低于当地政府或有关部门制定的最低工资标准或居民最低生活保障标准为标准,可适当上下浮动。

校内临时岗位按小时计酬。每小时酬金可参照学校所在地政府或有关部门规定的最低小时工资标准进行合理设置。

学生参与校内非营利性单位的勤工助学活动,其劳动报酬由勤工助学管理服务组织从勤工助学专项资金中支付;学生参与校内营利性单位或有专门经费资助的勤工助学活动,其劳动报酬原则上由用人单位支付或从项目经费中支出。

4. 校外勤工助学活动管理

学生在校外开展勤工助学活动时,勤工助学管理服务组织应当经学校授权,代表学校与用人单位和学生三方签订具有法律效力的协议书。签订协议书并办理相关聘用手续后,学生方可开展勤工助学活动。学生参加校外勤工助学,其劳动报酬由校外用人单位按协议支付。

# 第二节　服务性劳动

服务性劳动是指直接服务于社会的不计报酬的义务劳动。它既为生产服务,又为生活服务,在现代经济社会中占有越来越重要的地位。大学生作为服务性劳动的参与者,应该充分发扬劳动精神,在奉献中实现人生价值,获得成就感和愉悦感。大学生参与服务性劳动的形式主要有志愿服务,以及"三支一扶"、大学生志愿服务西部计划、"三下乡""四进社区"等实践活动。

## 一、志愿服务

志愿服务是一种利他行为,是指人们在非私人场合,在一段时间内自愿、不计报酬地为他人、为社会奉献自己的时间和专业知识,以帮助他人实现所需的行为。[1] 国务院颁布的《志愿服务条例》第二条规定:

---

[1]　陈秋明:《大学生志愿服务理论与实践》,商务印书馆 2018 年版。

本条例所称志愿服务,是指志愿者、志愿服务组织和其他组织自愿、无偿向社会或他人提供的公益服务。教育部颁布的《学生志愿服务管理暂行办法》第三条规定:学生志愿服务,是指学生不以获得报酬为目的,自愿奉献时间和智力、体力、技能等,帮助他人、服务社会的公益行为。

（一）志愿服务的意义

1. 有利于大学生了解国情民情和增长社会知识

大学生作为社会主义现代化事业的建设者和接班人,不仅需要学习科学文化知识,还需要关注世界形势的变化和社会现实的发展,不断提高综合素质和社会实践能力。然而,大学生因长期生活在校园里,生活阅历较浅,缺乏社会实践经验。而志愿服务能够帮助大学生深入了解我国国情和社会现实,积累社会经验,增加社会阅历,加快大学生社会化进程。同时,志愿服务还能够帮助大学生志愿者完善自身知识结构。例如,大学生在深入不同民族地区进行志愿服务的过程中,能够学到更多的关于地理环境、风土人情、历史传统和生活习惯等方面的知识;在服务前的系统专业培训中,能够掌握一些关于医疗救护、安全防范等方面的生存安全知识和技能;在参加具体的志愿服务活动过程中,能够积累丰富的社会实践知识和经验。

2. 有利于大学生形成优良品德和磨炼意志品质

当前,在优越家庭环境和父母溺爱中长大的部分大学生,追求个人利益和自我实现的思想倾向明显,部分大学生的奉献精神和助人意识不足,心理承受力和意志力也较为脆弱。而志愿服务在很大程度上能够帮助大学生养成助人为乐的优良品德和坚强的意志品质。在志愿服务活动中,当大学生志愿者通过奉献自己的时间、精力和技能等帮助他人走出困境时,会获得自我价值实现后的成就感,这种行为经过多次反复和不断强化,就会使大学生在潜移默化中养成乐于助人、甘于奉献的精神。同时,大学生在参加志愿服务时,会遇到不同程度的困难和挫折,为了完成任务需要设法解决遇到的难题,而克服困难和经受考验的过程也是他们磨砺意志的过程。实践经验证明,多数志愿者在面对困难时能够迎难而上,主动接受考验。大学生正是在这种攻坚克难的过程中磨砺意志,锤炼出不怕困难、顽强拼搏的品质的。

3. 有利于大学生增强社会责任意识和担当意识

通过参与志愿活动,大学生会逐渐意识到作为公民所应担负的社会责任,密切关注国家和民族的发展,主动把自己的命运同祖国的发展联系起来,展示出现代公民应有的爱国意识和责任意识,尽可能地帮助他人和奉献社会,在奉献中彰显自身的价值。责任意识还体现为集体主义精神,以及对公共利益和个人正当利益的维护。而大学生志愿者之间、志愿者与受助者之间都是平等、互助、和谐的关系,志愿服务也是在民主、平等的氛围中进行的,并力求通过社会互助实现社会利益共赢,这有助于培养大学生的公共意识和担当意识。

**(二) 大学生志愿服务的内容及其他要素**

1. 学生志愿服务的内容

《学生志愿服务管理暂行办法》第四条规定,学生志愿服务内容主要包括:普及文明风尚志愿服务、送温暖献爱心志愿服务、公共秩序和赛会保障志愿服务、应急救援志愿服务以及面向特殊群体的志愿服务等。

2. 学生志愿服务的程序

《学生志愿者服务管理暂行办法》第十条规定,学生志愿服务程序为:

(1)学生志愿服务负责人向学校工作机构提交志愿者服务计划等材料。

(2)学校工作机构进行登记备案,包括进行风险评估、提供物质保障、技能培训等。

(3)学生开展志愿服务活动。

(4)学校工作机构按照规定程序对学生志愿服务进行认定记录。有条件的学校应实行学生志愿服务网上登记备案、认定记录。

3. 志愿者注册的基本条件

2013 年 11 月,共青团中央颁布新修订的《中国注册志愿者管理办

109

法》对注册志愿者的基本条件作出了如下规定：

（1）年满十八周岁或十六至十八周岁以自己劳动收入为主要生活来源者；十四至十八周岁者，须经其法定代理人同意；未满十八周岁的在校学生申请注册的，按所在学校有关规定办理。

（2）具备参加志愿者服务相应的基本能力和身体素质。

（3）遵守国家法律法规和注册机构的相关规定。

4．志愿服务的原则

《志愿服务条例》第三条规定，开展志愿服务，应当遵循自愿、无偿、平等、诚信、合法的原则，不得违背社会公德、损害社会公共利益和他人合法权益，不得危害国家安全。

5．志愿者的权利和义务

《中国注册志愿者管理办法》（以下简称"《办法》"）第十条规定，志愿者具有如下权利：

（1）参加志愿服务活动。

（2）接受相关的志愿服务培训，获得志愿服务活动真实、必要的信息。

（3）获得从事志愿服务的必需条件和必要保障。

（4）优先获得志愿者组织和其他志愿者提供的服务。

（5）对志愿服务工作提出意见和建议。

（6）相关法律、法规、政策所赋予的权利。

（7）可申请取消注册志愿者身份。

《办法》第十一条规定，志愿者需履行以下义务：

（1）遵守国家法律法规及团组织、志愿者组织的相关规定。

（2）每名注册志愿者根据个人意愿至少选择参加一个志愿者服务项目或活动，每年参加志愿服务时间累计不少于 20 小时。

（3）履行志愿服务承诺，完成志愿服务任务，传播志愿服务理念。

（4）自觉维护团组织、志愿者组织和志愿者的形象。

（5）在志愿者职责范围内，自觉维护服务对象的合法权益。

（6）自觉抵制任何以志愿者身份从事的赢利活动或其他违背社会公德的活动（行为）。

（7）依法应当承担的其它义务。

6. 学生志愿服务的认定

《学生志愿服务管理暂行办法》第十四条规定，学校负责做好学生志愿服务认定记录，建立学生志愿服务记录档案。

（1）学校组织开展的志愿服务，由负责人、服务对象提供服务时间、服务内容等证明，学校工作机构予以认定记录。

（2）学生自行开展的志愿服务，由学生本人、服务对象提供服务时间、服务内容等证明，学校工作机构经过审核予以认定记录。

（3）学校应结合本校实际，制订志愿服务档案记录办法，完善记录程序，严格过程监督，确保学生志愿服务档案记录清晰，准确无误。

其第十七条规定，在大学学段实行学生志愿者星级认证制度。学校根据学生志愿者参加志愿服务的时间累计，认定其为一至五星志愿者。自大学学段以来参加志愿服务时间累计达到 100、300、600、1 000、1 500 小时的，分别认定为一至五星志愿者。

7. 学生志愿服务的法律责任

《志愿服务条例》第三十七条规定，志愿服务组织、志愿者向志愿服务对象收取或者变相收取报酬的，由民政部门予以警告，责令退还收取的报酬；情节严重的，对有关组织或者个人并处所收取报酬一倍以上五倍以下的罚款。

《学生志愿服务管理暂行办法》第十八条规定，学生在志愿服务认定记录中弄虚作假的，由所在学校批评教育，给予相应处理，并予以通报。学校及其工作人员在学生志愿服务认定记录中弄虚作假的，由教育主管部门严肃处理，并予以通报。

## 二、社会实践

社会实践是指人类能动地改造自然和改造社会的全部活动。一般来说,学生的社会实践活动有广义和狭义之分。广义的学生社会实践活动是指理论教学以外的各种实践环节,既包括与社会生活相结合的社会实践,又包括与课堂学习相结合的教学实践。狭义的社会实践是指在教学计划以外的、学生参与到社会中的各种实践活动,即不包括配合课堂学习的教学实践以及各类校园实践活动。

大学生社会实践是指大学生在学校人才培养目标的引导下,以大学为依托,以社会为舞台,开展的接触社会、了解社会、服务社会,并从中接受教育、提升综合素质的一系列有组织、有计划的活动的总称。通常认为,大学生社会实践活动是大学生在成长成才过程中改造主观世界、促进自身全面发展的活动,是走向社会的过程中与劳动相结合、适应社会、承担社会责任的活动,是高校劳动教育的重要途径。

**(一) 大学生社会实践的意义**

1. 社会实践是增进大学生劳动体验和感受的重要载体

大学生完成学业后,将以普通劳动者的身份进入社会,从事一定的职业。首先,开展社会实践,参与生产劳动,可以培养大学生对劳动的尊重意识和对劳动者的感情;其次,在劳动中,大学生可以锻炼思维能力,养成反复思考和总结的劳动习惯;最后,参与社会实践是大学生提升综合素质的必要途径,是对大学生职业素质的试运行和试检验。

2. 社会实践是大学生服务社会的重要途径

大学生不仅是学习者,而且是创新和奉献的主体。社会实践是连接学校和社会的桥梁,有利于实现校内教育与校外生活之间的有效衔接。大学生在实践中亲身接触国家建设所取得的成就,切身体会国家经济、文化对人才的强烈需求,感受社会对大学生的期望。社会实践的过程不仅提高了大学生的综合能力,而且还能使大学生将自己储备的知识、智慧和技能奉献给社会,凸显出他们服务社会的积极作用。

3. 社会实践是增强大学生责任感和使命感的重要举措

一次西部帮扶支教、一次"三下乡"体验、一次调研宣传等都能让未走出校园的大学生更好地认知世界、增长见识、陶冶情操、引发思考和定位理想,进而树立正确的世界观、人生观、价值观,建立远大崇高的理想信念。通过社会实践,大学生能够感受社会文明的进步和发展,增强民族自豪感,认识到自己作为祖国的未来、社会主义事业的建设者和接班人,应勇于担当,以高度的责任感和使命感担负起中华民族伟大复兴的重任。

**(二) 大学生社会实践的主要内容**

**1.“三支一扶”**

“三支一扶”原指大学生在毕业后到农村基层从事支农、支教、支医和扶贫①工作。支农是指支援乡镇基层的农业生产工作,主要从事种植业、养殖业、农副产品深加工等工作;支教是指支援乡镇基层的教育事业,主要从事九年义务教育学段各学科的教学工作;支医是指支援乡镇基层的医疗卫生事业,主要从事临床诊疗、中医诊断、医疗救护、医学检验等工作;扶贫工作是指支援乡镇基层的扶贫工作,主要致力于农村脱贫致富等相关工作。

“三支一扶”计划的政策依据是国家人事部(现人事资源与社会保障部)2006年颁布的第16号文件《关于组织开展高校毕业生到农村基层从事支教、支农、支医和扶贫工作的通知》。其目的在于为高校毕业生向基层单位落实就业问题提供具体的指导和保障,引导和鼓励高校毕业生到西部去、到基层去、到祖国最需要的地方去经受锻炼,健康成长,为促进农村基层教育、农业、卫生、扶贫等社会事业的发展,建设社会主义新农村和构建社会主义和谐社会做出贡献。

(1)组织招募的方式与条件。

“三支一扶”组织招募的方式是公开招募、自愿报名、组织选拔、统一派遣,招募的对象主要为全国普通高校的应届毕业生,其应具备以下条件:政治素质好,热爱社会主义祖国,拥护党的基本路线和方针政策;学习成绩合格,具有相应的专业知识;具有敬业奉献精神,遵纪守

---

① 目前,我国脱贫攻坚已取得全面胜利,“扶贫”工作已改为“帮扶乡村振兴”工作,在正式文件下达前,本教材仍作“扶贫”讲。

法，作风正派；身体健康。

（2）组织招募的原则与程序。

"三支一扶"招募工作应坚持"公开、平等、竞争、择优"的原则，并应有一定比例的名额招募家庭经济困难的学生。具体招募工作可按以下程序进行：

① 汇总计划。每年4月底前，省级工作协调管理办公室要收集、汇总乡镇一级教育、农业、卫生、扶贫等基层岗位需求信息，并上报全国"三支一扶"工作协调管理办公室，同时面向社会公开发布。

② 组织招募。每年5月底前，各地根据下达的招募计划和实际情况，采取考核或考试的方式进行招募。

③ 确定人选。经审核、体检确定人选后，省级工作协调管理办公室要组织"三支一扶"大学生签署《高校毕业生"三支一扶"计划申请书》，并于每年6月底前将"三支一扶"大学生名单上报全国"三支一扶"工作协调管理办公室备案。

④ 培训上岗。各地要组织"三支一扶"大学生进行上岗前的集中培训，培训内容主要是党和国家有关基层工作特别是农业、教育、卫生、扶贫方面的方针政策、本地区基层工作的现状、拟服务单位和岗位的基本情况、乡镇共青团有关工作业务等。每年7月底前派遣"三支一扶"大学生到服务单位报到。

（3）服务期间的管理。

服务期间，"三支一扶"大学生的户口应统一由省级工作协调管理办公室指定的有关机构管理，也可根据本人意愿将户口转回入学前户籍所在地，公安机关应按规定为其办理落户手续。人事档案原则上统一转至服务单位所在地的县级政府人事部门，党团组织关系转至服务单位。对服务期间积极要求入党的，由乡镇一级党组织按规定程序办理。服务单位要负责为"三支一扶"大学生安排工作岗位，提供必要的生活条件，承担其日常管理工作，并根据工作需要积极为其提供业务培训机会。服务期满考核合格的，经省级工作协调管理办公室审核，颁发由人事部统一印制的《高校毕业生到农村基层服务证书》,作为服务期满后享受相关就业优惠政策的依据。"三支一扶"计划服务期限一般为2~3年,工作期间给予一定的生活、交通补贴,统一办理人身意外伤害保险和住院医疗保险。

（4）服务期满后的相关政策及就业推荐。

原服务单位有职位空缺需补充人员时,应优先考虑接收服务期满考核合格的"三支一扶"大学生。县、乡各类事业单位,有职位空缺需补充人员时,也应拿出一定职位专门吸纳这部分毕业生。服务期满自主创业的,可享受行政事业性收费减免、小额贷款担保和贴息等有关政策。应届毕业生自愿到国家需要的艰苦地区、艰苦行业基层工作,服务达到国家规定年限,并符合相应条件的,可享受国家助学贷款代偿政策。

服务期满考核合格的"三支一扶"大学生,报考党政机关公务员的,可以通过适当增加分数以及其他优惠政策,优先录用;到西部地区和艰苦边远地区服务2年以上,服务期满后3年内报考硕士研究生的,初试总分加10分,同等条件下优先录取。对于已被录取为研究生的应届高校毕业生参加"三支一扶"项目的,学校应为其保留学籍。

各级人事部门要为"三支一扶"大学生建立专门的人才库,广泛收集各类用人单位的岗位需求信息,动员各类用人单位接收"三支一扶"大学生,有针对性地提供就业指导和推荐,帮助其落实就业单位。

服务期满考核合格的"三支一扶"大学生,根据本人意愿可以回到原籍或到其他地区工作,凡落实了接收单位的,接收单位所在地区应准予落户。进入国有企事业单位的,由接收单位按照所任职务比照同等条件人员确定其职务工资标准;其服务期限,计算为工龄。在今后晋升中高级职称时,同等条件下优先评定。

2. 大学生志愿服务西部计划

大学生志愿服务西部计划又称"西部计划",它是由共青团中央、教育部、财政部、人力资源和社会保障部等部委于2003年根据国务院有关要求共同组织实施的大学生基层就业计划。"西部计划"从 2003 年开始,按照公开招募、自愿报名、组织选拔、集中派遣的方式,每年招募一定数量的普通高等院校应届毕业生,以志愿服务的方式到西部贫困县的乡镇从事为期 1~3 年的教育、卫生、农技、扶贫以及基层社会管理和基层青年中心建设与管理等方面的工作。

"西部计划"的服务地主要是内蒙古、广西、重庆、四川、贵州、云南、西藏、陕西、甘肃、青海、宁夏、新疆等西部 12 个省(区、市)加海南省、新疆生产建设兵团及湖南湘西州、湖北恩施州、吉林延边州部分地区贫困县的乡镇。

3. "三下乡"

1996 年 12 月,原文化部、中宣部、农业部等十部委,第一次联合颁布《关于开展文化科技卫生"三下乡"活动的通知》,通知中明确指出,要提升农村服务的三个方面,即文化、科技与卫生,简称"三下乡"。1997年起,中央宣传部等多个部委联合推动开展了文化、科技、卫生"三下乡"活动,并明确每年暑期组织开展大中专学生志愿者"三下乡"社会实践活动。

"三下乡"活动是近年来大学生参加社会实践的有效载体。大学生结合所学专业,根据当地实际情况和需求,开展包括科技普及、技能推广、文化宣传、义务支教、医疗服务等内容的下乡活动,为基层群众做好事、办实事、解难事。在实践过程中,大学生能够在为人民服务中受到深刻的启发和教育,人格得到升华。

"三下乡"活动内容丰富、形式灵活、易于开展,大学生在活动中要注意充分考虑实践地的实际情况,将所学专业和特长等优势发挥出来,对基层群众实现持久深远的帮扶和支持。"三下乡"活动可以是科技、文化、卫生三方面中某一类的专项下乡,也可以是几类下乡活动的混合开展,主要包括以下内容和形式:

(1) 科技下乡。

大学生开展科技下乡活动可以从以下几方面入手。一是科普宣传。大学生可以广泛宣传科学常识，教育群众破除迷信，也可以开展关于防治水污染、安全使用化肥农药的环保科普宣传。二是实用技能推广。农学及相关专业大学生可以结合最新研发的优势技术，为提高农作物产量质量或乡镇企业生产水平进行技术推广。三是生产指导服务。农学及相关专业大学生可以针对农业生产的实际提供上门指导，也可以为地方政府和农民群众带去适用于农村经济发展需求的技术、市场最新资料等，对农业生产和乡镇企业发展提供有效帮助。

（2）文化下乡。

文化下乡活动一般包括以下几类形式：一是支教帮扶。大学生可以前往教育资源贫乏地区的中小学开展支教，也可以根据实际情况面向村民开展知识教育。二是图书下乡。大学生募捐筹集一批适合农民阅读的文化娱乐或农业技术图书，有条件的可以援建乡镇青年图书站。三是文艺下乡。艺术相关专业或有文艺特长的大学生可以组织开展农民群众喜闻乐见的文化艺术活动，如电影放映、文艺演出等。四是法律下乡。以宪法、民法、婚姻法、森林法、土地法、义务教育法等与农民生产生活相关的法律为重点内容，大学生可以向农民宣传普及法律知识，增强农民的法律意识和法治观念，推进农村的民主法治建设。

（3）卫生下乡。

医学专业或具备丰富医学知识的大学生可以组织开展下乡义诊、卫生常识宣传普及、乡村卫生组织扶持、农村卫生人员培训等实践活动，推动当地医疗事业发展，使农村居民逐渐养成良好的卫生习惯。

4. "四进社区"

"四进社区"活动是由中央文明办、卫生部（现为国家卫生健康委员会）等八部委联合发起的一项重要活动。"四进社区"活动旨在丰富社区文化生活，宣传普及科学知识，增强居民法律意识，提高居民生活质量，满足人民群众不断增长的精神文化需求打了下基础。这项活动为大学生运用知识、施展才华、实践成才提供了机会，成为近年来大学生社会实践的主要形式之一。"四进社区"活动是"三下乡"活动的延伸和

发展,主要包括以下内容:

(1)科教进社区。

大学生可以利用自身的专业优势,深入社区,面向社区居民举办教育培训、科普宣传、技能讲座、知识竞赛、读书交流等活动,充分利用社区居民活动中心和相关宣传阵地,宣传健康生活理念,普及健康生活知识,传播科学精神,破除陈规陋习,提高社区居民的生活质量。

(2)文体进社区。

大学生可以充分发挥个人特长,利用社区各类设施,组织开展歌咏、书画、曲艺、舞蹈、健身等丰富多彩的群众性文体活动。大学生通过参与社区文体骨干培训、巡回文艺演出、公益电影放映、社区图书站建立等服务工作,弘扬中华传统美德,促进先进文化的传播。

(3)法律进社区。

法学及相关专业的大学生可以深入社区开展法律宣传普及工作,如举办社区法制讲座、法律咨询、法律援助等活动,通过发放宣传资料、赠送法律知识读物等方式,提高社区居民的法律意识,优化社区的法制环境。依托法律进社区活动,大学生可以将社会实践与思想政治理论课的学习紧密结合起来,开展政策宣讲、理论宣传等活动,丰富法律进社区的内容,也有助于大学生深化对理论学习的理解和认识。

(4)卫生进社区。

医学专业或者具备丰富医学知识的大学生可以为社区居民进行健康检查,常见病义诊咨询,医疗卫生知识普及宣传,面向残疾人、孤寡老人和困难家庭等群体提供卫生保健服务,引导社区居民强化健康生活的理念。

# 第三节　生 产 劳 动

生产劳动是一种以物质资料生产或提供劳动服务为形式,满足社会需求的实践活动。生产劳动是人类最原始、最基本的社会实践形式。

大学生参与生产劳动能够培养劳动观念、服务意识和良好的意志品质，并逐步形成艰苦奋斗、勤俭节约的良好习惯和生活作风，增加对劳动的了解，增进对劳动人民的感情，懂得尊重和珍惜他人的劳动成果。大学生参与生产劳动主要包括实习实训、创新创业等形式。

## 一、实习实训

实习实训是高校实践教学的重要一环，包括专业实验、专业实训、专业实习等实践活动，是高校依托实验室、模拟场景和实习单位等多种教学环境，有计划地、系统地组织学生结合专业所学开展的多样的实操性、实践性活动。实习实训本身就是一种劳动实践活动，强调的是"以学为主"的教育方式，大学生应在实践中，感受新时代劳动条件与技术的发展，感悟劳动对于国家、社会和个人的意义与价值，体会劳动带来的喜悦与自豪，进而形成正确的价值观和良好的思想品德。

### （一）大学生参加实习实训的必要性

#### 1. 实习实训是学习劳动知识技能的主课堂

随着现代科技与经济的发展，我国产业结构发生了深刻变革，人才需求也随之发生了重大改变，掌握一项劳动技能成为满足人们生存需求的基本手段，精进专业化劳动技能更成为人们提升生活质量、追求美好生活的有效路径。实习实训作为高校专业课堂教学的延伸，是大学生把专业知识技能从"知道"转化为"运用"的第一课堂，是掌握劳动技能、提升劳动能力的重要平台。因此，大学生积极参与实习实训是培养德智体美劳全面发展的高素质人才的重要方式，对于实现学校与社会的"无缝衔接"是必要且重要的。

#### 2. 实习实训是培养劳动价值观的主阵地

大学生是社会劳动力的生力军，每年有几百万大学生走向劳动岗位，大学生自身的劳动价值观是否正确不仅影响个体的成长、成才，更影响着整个社会的生产力发展与生产效率提升。劳动价值观不是一朝一夕就能形成的，而是个体通过观察模仿他人或亲自参与等方式认识劳动,进而构建出的个体看待劳动的一套价值体系。实习实训作为一种以劳动为主的教育方式,为大学生提供了亲身体会劳动、观察他人的劳动态度与劳动行为的机会,这将有利于大学生在潜移默化中形成崇尚劳动、尊重劳动、热爱劳动的价值观。

3. 实习实训是锻造劳动品质的练兵场

苏霍姆林斯基认为,劳动教育可以让青少年在劳动中最充分、最鲜明地展示他的天赋才能,并给他带来精神创造性的幸福。也就是说,劳动教育可以使人展示能力与才华,并培养人们勇于担当、拼搏奋进、积极乐观地面对生活、创造生活的品质。实习实训为锻造劳动品质提供了练兵场,让大学生能够在实践中自主思考、独立操作,在探索尝试中不断打磨,练就敬业和精业、自信和执着的劳动品质。

**(二) 大学生实习实训的主要内容**

1. 大学生实习

大学生实习是指高等学校或高等职业院校按照专业培养目标和教学计划,组织学生到国家机关、企业事业单位、社会团体及其他社会组织进行与专业相关的实践性教学活动,大学生把学到的理论知识,迁移到实际工作中进行运用和检验,从而锻炼工作能力。

(1) 大学生实习的类型。

普通高校大学生的实习通常分为教学实习与专业实习。教学实习是学校专业教学的一部分,是课堂理论教学的巩固与延伸。其主要特征是在实习过程中,有专门的实习指导教师,实习场所可以在校内实训室,也可以在学校实习基地进行,学生岗位不确定,实习主要目的在于完成教学任务。专业实习是指在实习的过程中,学生不是岗位的主要占有者,只对岗位工作起辅助和次要作用。岗位上的主要工作仍然由专业的工作人员完成,具体指导工作由在岗工作人员完成,学生一般无报酬,实习目的在于提高学生的专业技能。

(2) 大学生实习法律身份的定位。

教学实习属于专业教学的一部分,是课堂理论教学的延伸与巩固。

在校大学生实习期间,学校与其属于教育与被教育的关系,其与实习单位属于一种教育管理关系。在实习过程中大学生为实习单位提供一定的劳动。这是进行实际学习的一种必要手段,具有无偿性,参加教学实习的大学生的法律身份不属于劳动者。

(3) 大学生实习期间的权益保护。

当大学生在实习期间受到人身伤害时,如果学校、学生与实习单位之间签有实习协议,而且协议中对学生实习期间的人身伤害赔偿问题有明确的约定,可直接按照协议处理;如果双方没有签订实习协议,或虽签有实习协议但仍无法解决学生实习期间的人身伤害赔偿问题,则可按照民法、合同法、侵权责任法及相关司法解释的有关规定进行处理。在高校学生实习过程中,如果不具备劳动关系,对学校、实习单位、学生一般采用过错责任的归责原则。如果学校未能尽到教育管理义务,则由学校承担责任;如果实习单位未能尽到安全教育管理义务,则由实习单位承担责任;如果学生为过失方,也应承担相应的责任。

2. 大学生实训

所谓"实训",即"实习(践)"加"培训",是职业技能实际训练的简称,指在学校管控状态下,按照人才培养规律与目标,对学生进行职业技术应用能力训练的教学过程。对"实训"一词主要有以下几种不同的解读:一是从学校教学工作角度来讲,实训是学校按照人才培养规律与目标,对学生进行职业技术应用能力训练和教学的过程。[①] 这一观点表明,实训是以学校在教育过程中使学生通过实习训练掌握和巩固所学的理论知识从而满足教学要求为目的的。二是从教育部等相关政府部门的管理视角来看,"实训"作为教学过程中的一个关键环节,目的是"培养面向生产、建设、服务和管理第一线需要的高技能人才"。例如,教育部《关于全面提高高等职业教育教学质量的若干意见》(教高〔2006〕16 号)中指出:"人才培养模式改革的重点是教学过程的实践

---

① 彭元:《高技能人才培养模式的理论与实践》,科学出版社 2008 年版。

性、开放性和职业性,实验、实训、实习是三个关键环节。"三是从相关工具书的解读来看,《教育大辞典》认为:"实训是根据某种职业需要,以提高受训人员职业能力为目标的实际技能的训练过程,这种训练一般着重于动手能力,同时学习与技能相关的知识。"[1]

根据不同的划分依据,可以将实训分为以下几种类型:第一,从空间上划分,有校内实训和校外实训,包括教学见习、教学实训和生产实训;第二,从形式上划分,有技能鉴定达标实训和岗位素质达标实训,包括通用技能实训和专项技能实训;第三,从内容上划分,有动手操作技能实训和心智技能实训,包括综合素质实训。

大学生参加各类实训,可通过基于真实生产情境的产品生产、设计、研发等生产性过程,掌握实践技能,增强综合职业能力;通过"真刀真枪"的实践训练,提高职业素养,培养劳动情感,提升劳动实践能力。

### (三) 大学生实习实训的评价

实习实训的评价标准以培养大学生的实践能力为核心,以提升学生的综合发展为目的。

(1) 实习实训评价的构成。

实习实训的评价主要由两个层面构成:一是主观评价,评价主体包括学生、校内指导教师、校外指导教师(企业人员);二是客观评价,主要是指教育管理部门或企业行业协会等对实习实训的环境、实习实训的内容、实习实训的过程、实习实训的师资、实习实训的效果进行的评价。

(2) 实习实训评价的方式。

一是绝对与相对评价相结合。在进行实习实训质量评价时采用等级评分制评价,但由于影响实习实训质量的因素诸多,有些评价指标是无法简单地用绝对的数值评价的,即在同一等级内没有准确的数值标准。因此,在评价上应采用横向与纵向相结合的相对评价方式。

二是主观与客观评价相结合。客观评价是指定量的评价,是对收

---

[1]　教育大辞典编纂委员会:《教育大辞典(第3卷):高等教育、职业技术教育、成人教育、军事教育》,上海教育出版社1991年版。

集、处理的资料作具体的定量的评价。主观评价是指那些不能用具体的数学量值来评价,而需采用主观的观察分析、鉴定评语等方式来进行的评价。某些评价项目将主观评价与客观评价两种方式有机结合,使指标量化,以确定其等级。

三是过程与结果评价相结合。过程评价是指在实习实训过程中,按照评价指标体系所作的评价;结果评价是指在实习实训结束后,按照评价指标体系所作的一次性评价。实习实训的内容、环境等因素采用结果性评价更为准确,而由于实习实训过程环节的动态性特点,采用过程性评价显然是更为直接且合适的。因此,将过程评价与结果评价两种方式结合更符合实际的需求。

四是校内与校外评价相结合。校内评价包括校内指导教师、学生、校内督导、教务管理人员对实习实训质量的评价;校外评价是指校外的企业人员或有关机构对实习实训质量的评价。采用校内外两级评价相结合的方式能够全方位、多角度地评价实习实训质量。

## 二、创新创业

创新创业教育是以培养具有创新精神、创业意识、创业能力和社会责任感的高素质人才为目标的一种新的教学理念与模式。其核心教育内容不是教会大学生"如何创办企业",而是使大学生能具备像企业家一样思考与行动的能力。例如:辨别机会的能力,产生新想法和组合必需的资源的能力,抓住机会的能力,创办和管理新企业的能力,不囿于常规的批判性思维能力,等等。

### (一)创新创业的意义

大学生是国家宝贵的人力资源,也是创新创业的生力军。大学生创新创业素养的提升对于推动国家、社会、高校、个人的发展都具有重要意义。

#### 1. 推动国家科技创新发展

青年时期是一个人干事创业热情最高的时期,也是其创新创业的能力最为强盛的时期。青年科技创新人才不仅是国家创新的活力所在，更是我国科技发展的希望。因此，大学生要树立创新意识，开发自身的创新潜能，增强自身的创新能力，勇于担当创新创业排头兵，敢于走在创新创业的前列，为建设社会主义强国充分发挥自身的主动性和积极性。

### 2. 拓宽高校毕业生就业渠道

高等教育进入普及化阶段，高校毕业生总量居高不下；同时，我国面临产业结构性调整和优化升级等问题，高校毕业生就业形势严峻的状况短期内难以得到根本改观。因此，国家高度重视毕业生的就业工作，鼓励大学生创新创业。一个大学生创业可以吸引若干大学生参与，为社会提供更多的就业岗位，拓宽就业渠道，缓解就业压力。此外，大学生经历创新创业的过程，可以增长自身才干，为社会储备高素质人才，这对优化社会劳动力结构也有重要作用。

### 3. 促进大学生自身成长成才

大学生创新创业为自身的成长成才打下了重要的基础。一方面，创新创业能够提升大学生的精神素养。创新创业是中华民族创造精神、奋斗精神的具体体现，大学生参与创新创业，培养在逆境中克服困难的智慧和吃苦耐劳的精神，形成创新、独立、坚毅、乐观、有担当等优秀品质，帮助自身树立正确的职业观和择业观，整体提升大学生的思想素质。另一方面，创新创业能够优化大学生的知识结构。在知识经济快速发展的时代背景下，创业者不仅需要良好的创业精神，还需要具备丰富的创业知识，这些知识不仅包括专业知识，还涉及经营管理知识、市场经济知识等。大学生在创新创业的过程中可以系统地学习创业知识，在实践中求真知，提升自身的实干能力。

### （二）创新创业的主要内容

#### 1. "互联网＋"创业

"互联网＋"是互联网与传统行业的融合发展模式，是知识社会创新推动下的互联网形态演进及其催生的经济社会发展的新形态。简言之,"互联网+"就是将传统经济行业与互联网结合,利用现代信息技术助推各行业经济发展的新型发展模式,是互联网技术主导下的传统经济模式与结构的升级改造。例如,互联网+传统集市催生了淘宝,互联网+传统百货卖场产生了京东,互联网+传统银行成就了支付宝等。当然,这个"+"不能被简单地理解为堆叠或累加,而是一种与信息时代相匹配、与经济发展规律相契合的融合创新。

"互联网+"经济模式的长足发展已成为当前我国国民经济新的增长点,大学生可以在互联网+农业、餐饮、医疗、服务、教育等领域寻找机会。"互联网+"模式主要有以下四方面的特点。

（1）机会更多。强劲发展的移动互联网技术,已经悄然改变了人们的生活方式并深深嵌入社会生活的方方面面,解决了传统生活中的衣、食、住、行、游、购、娱、学等诸多问题,也创造了大量的就业创业机会。

（2）平台更大。中国互联网网络信息中心（CNNIC）第 46 次《中国互联网络发展状况统计报告》显示,截至 2020 年 6 月,我国网民规模为 9.40 亿,互联网普及率达 67.0%。从用户规模等数据可知,我国互联网经济产业发展状态良好,拥有一流的经济平台并成就了一大批小微企业和创业者。

（3）门槛更低。互联网以其开放、包容的强大优势,大大降低了全社会就业、创业的综合要求,大量新型工作岗位被创设,为大学生创新创业提供了便捷条件。

（4）更加公平。"公众在互联网上发布和接收受信息是平等的,互联网的开放与包容消除了时间、空间、身份等因素的差异,故不会因求职创业的社会成本不同而影响最终的结果。"[1]

2．科技创业

科技创业是指大学生利用自己所学的知识与资源进行创新创业。

---

[1] 林木:《以理念创新引领模式创新》,《中国储运》2014 年第 11 期。

科技创业需要创业者既拥有专业的知识，又具备创业的素质。科技创业团队不仅需要踏实肯干、任劳任怨的执行者，更需要具有战略眼光、良好的管理组织协调能力的管理者。执行者主要负责前期的市场开发与宣传、客户维护、产品推介等工作；管理者主要负责制订公司未来的发展方向和长远规划，统筹考虑公司的运营成本、投入产出效益等。大学生在科技创业团队建设中还要注重企业文化建设，以优秀文化塑造企业形象，凝聚团队力量，打造企业品牌，增进成员互信，实现风险共担，利益共享。

大学生选择科技创业模式，不仅可以有效带动就业，还可以促进高科技成果转化为产品，赢得市场认可，其特点和优势突出表现在：

（1）竞争力强。这类企业的产品和服务一般是科研成果，其产品和技术在行业领域先进度极高。这种创业模式能够有效结合科技成果与市场需要，极大地提高产品在市场上的竞争力。

（2）创业风险低。这类创业企业的产品为科技成果，其技术性、科技性强，具有较高的技术壁垒，因此仿造、复制的可能性大大降低，对创业者来说，可以有充足的时间开拓市场，创业风险相对降低。

3. 公益创业

公益创业又称"社会创新""社会创业"，是指个人、社会组织或者网络平台等在社会使命的激发下，追求创新、效率和社会效益，向公众提供产品或服务的社会活动。大学生公益创业活动的内容丰富多彩，涉及环境保护、农业发展、弱势人群、慈善金融、社区发展、社会服务等经济社会生活的各个领域。其内容主要有三个方面：一是教育，如对农村留守儿童和城市外来务工人员的子女、自闭症儿童等的教育、帮扶；二是文化，如非物质文化遗产保护、文艺演出下乡等文化艺术活动；三是医疗，如医疗健康服务、骨髓库建设等公共卫生事业。

大学生公益创业的形式也是多种多样的，包括志愿公益活动、创建非营利组织和产学研一体化等。在我国公益创业发展过程中，大学生群体发挥了不可忽视的作用。例如，复旦大学公益创业基地、上海 NPI

公益孵化器、广州职业技术学院社会创业研究所等社会公益创业研究基地、服务机构都是依托高校、依靠大学生创立的。

公益创业模式具有三个基本特征,一是公益性,二是创业性,三是实践性,他们之间是相辅相成的。开展公益型创业要以公益性为目标,因此大学生在创业时要针对社会存在的某种普遍性"痛点"问题立项,并开展相应活动以解决这一问题,保障弱势群体的利益。公益项目的可持续发展要以创业性作为重要保障,为使公益项目具有自我造血的功能,需要将该项目进行商业化、市场化运作,以促进项目健康稳定发展。公益创业的重要前提是实践性,公益创业必须要可操作、能实施,要切合实际,满足社会需要。

### (三) 大学生创新创业优惠政策

为积极鼓励大学生自主创业,2014 年教育部发布《关于做好 2015 年全国普通高等学校毕业生就业创业工作的通知》(教学〔2014〕15 号),要求各高校将创新创业教育贯穿人才培养的全过程,提出要建立弹性学制,允许在校大学生休学创业。随后,国务院相继颁布了《关于发展众创空间推进大众创新创业的指导意见》(国办发〔2015〕9 号)、《关于大力推进大众创业万众创新若干政策措施的意见》(国发〔2015〕32 号)、《关于强化实施创新驱动发展战略进一步推进大众创业万众创新深入发展的意见》(国发〔2017〕37 号)、《关于推动创新创业高质量发展打造"双创"升级版的意见》(国发〔2018〕32 号)、《关于开展双创示范基地创业就业"校企行"专项行动的通知》(发改办高技〔2020〕310 号)等一系列政策文件,统筹做好创新创业教育、创业基地建设,以推进大学生创新创业工作发展。

1. 大学生创新创业优惠政策

根据国务院网站关于支持"双创"系列百科图解,本书对于创业优惠政策梳理如下:

(1) 持人社部门核发《就业创业证》的高校毕业生在毕业年度内创办个体工商户、个人独资企业的,3 年内按每户每年 8 000 元为限额依次扣减其当年实际应缴纳的营业税、城市维护建设税、教育费附加和个人所得税。

（2）对符合条件的大学生自主创业者，可在创业地按规定申请创业担保贷款，贷款额度为 10 万元；对个人发放的创业担保贷款，在贷款基础利率基础上上浮 3 个百分点以内的，由财政给予贴息。

（3）毕业 2 年以内的高校毕业生从事个体经营（除国家限制的行业外）的，自其在工商部门首次注册登记之日起 3 年内，免收管理类、登记类和证照类等有关行政事业性收费。

（4）对大学生创办的小微企业新招用毕业年度高校毕业生，签订 1 年以上劳务合同并交纳社会保险费的，给予 1 年社会保险补贴；有创业意愿的大学生，可免费获得公共就业和人才服务机构提供的创业指导服务。

2. 大学生创新创业管理政策

根据国务院网站关于支持"双创"系列百科图解，对于自主创业的高校毕业生管理政策梳理如下：

（1）高校毕业生可在创业地办理落户手续（直辖市按有关规定执行）。

（2）自主创业大学生可享受各高校建立的自主创业大学生创新创业学分累计与转换制度，学生开展创新实验、发表论文、获得专利和自主创业等情况可折算为学分；同时也享受为有意愿有潜质的学生制订的创新创业能力培养计划，创新创业档案和成绩单等系列客观记录，并量化评价学生开展创新创业活动情况的教学实践活动。

（3）优先支持参与创业的学生转入相关专业学习。

（4）有自主创业意愿的大学生，可享受高校实施的弹性学制，放宽学生修业年限，允许调整学业进程、保留学籍休学，以方便其开展创新创业活动。

3. 大学生创新创业教育政策

根据国务院网站关于支持"双创"系列百科图解，对大学生创业教育政策梳理如下：

（1）自主创业大学生可享受由各高校挖掘和充实的各类专业课程和创新创业教育资源，以及研习面向全体学生开发开设的关于研究方法、学科前沿、创业基础、就业创业指导等方面的必修课和选修课。

（2）自主创业大学生可享受由各地区、各高校共享的慕课、视频公开课等在线开放课程资源，并获得在线开放课程学习认证和学分认证制度保障。

（3）自主创业大学生可共享学校面向全体学生开放的大学科技园、创业园、创业孵化基地、教育部工程研究中心、各类实验室、教学仪器设备等科技创新资源和实验教学平台。

（4）自主创业大学生可享受各地各高校对自主创业学生实行的持续帮扶、全程指导和一站式服务。

## 课 后 思 考

1. 在大学学习生活中你参与了哪些社会实践？请结合实际经历谈谈自己的感受。

2. 大学生实习实训分别有哪些类型？

3. 大学生创新创业主要有哪些形式和特点？

# 第五章　大学生劳动安全风险
# 防范与管理

【学习目标】

1. 了解安全风险的概念；

2. 了解并掌握如何在劳动过程中识别安全风险；

3. 了解并掌握常见的职业健康安全常识。

【章节导读】

安全事关社会稳定、家庭幸福、个人命运。当代大学生，是我国社会主义事业未来的建设者和接班人，应当更加深刻领会安全的重要性，牢固树立安全意识，夯实安全风险基础知识理论，在日常生活和学习实践中学会安全风险防范与处置。

劳动安全是社会公共事业的系统工程，属于安全系统工程范畴，是安全科学、系统科学与心理科学的综合运用。本章主要从大学生劳动主体在劳动实践中应该具备的基本安全素养入手，重点讲述安全风险的概念与类型，旨在教会大学生在劳动实践中识别和防范安全风险，以及在安全风险事故发生后如何应对等内容。

# 第一节 劳动安全风险概述

## 一、安全风险的概念与特征

### （一）安全风险的相关概念

1. 安全

无危则安，无损则全。这是中国古来有之的说法：没有隐患、没有威胁、不出事故、不受侵害，就是安全。人们对安全的认识随着文明的发展和科技的进步逐步深入。现实生活中没有绝对的安全，只有相对的安全，于是发展形成了被人们普遍接受的相对安全观。刘跃进主编的《国家安全学》将"安全"一词的定义为：一种状态，即通过持续的危险识别和风险管理的过程，将人员伤害或财产损失的风险降低，并保持在可接受的水平或以下。所谓安全，是在一定危险条件下的状态，安全不是绝对无事故，而是将事故后果及其损害控制在人类能接受的水平以下的状态。

安全既是目标，又是手段。安全本质上是通过控制人类社会活动中存在的固有或潜在危险，预防风险事故的发生，减少风险事故的伤害，使损害低于人类能接受的水平的状态。

2. 安全风险

安全风险是指发生事故的概率。而事故的一般概念是造成人员伤亡或重大财产损失的事件，通俗地讲就是存在发生危险的可能性，是系统工程中风险点或危险源因素的总和，是一个与安全相对立的概念，是安全的作用对象。具体而言，安全风险是指在人类社会活动中，因人的因素、物的因素和环境因素等相互作用，而可能引起人员伤亡、财产损失或环境损害的根源或状态，由潜在危险性、存在条件和触发因素三个要素构成。

3. 本质安全

本质安全是安全的最终目标，是指对设备、设施或技术工艺等物的控制能力是内在固有的、能从根本上防止事故发生的,从而体现出的绝对安全。它主要表现为即使在人的失误操作、设备设施或技术工艺故障或损坏时也不会发生事故,设备能够维持正常运转或自动转变为安全状态,既能防止人的不安全行为,又能防止物的不安全状态,达到理想中的安全状态。

### (二) 安全风险的特征

#### 1. 客观存在性

安全系统工程学理论认为,安全是具有一定危险条件下的状态。安全风险是客观存在的,在一定条件下可能转化为安全事故,造成损失。人类社会发展演变的过程就是一部与安全风险作斗争的历史。安全风险与安全就像一枚硬币的两面,是人类社会的固有属性。在任何生产活动中,人类采取的所有控制措施,诸如技术、装置等,都是为了预防和控制安全风险,以保障生产、生活的安全目标顺利实现。

#### 2. 显著危害性

危害性又称破坏性。安全风险就是生产或生活系统中各个单元、构件或部件的功能转化为失效状态的因素总和。安全管理属于系统性工程,其内部各个单元与构件之间相互关联、相互作用、相互协调,形成有机组合,缺一不可。其中任何一个环节出现问题或失误,都会影响整个系统的正常运行,导致生产、生活或作业目标发生偏离,造成不同程度的人身伤害、财产损失和环境危害等后果,不能达到预先设定的目标或状态。从这个意义上说,安全风险具有显著危害性特征。

#### 3. 动态相关性

系统开放原理认为,任何有目的的生产、生活等活动都处于动态变化的稳定状态,都与外界环境存在物质、能量、信息的联系、交换。而安全风险作为人类生产、生活等活动的固有属性,其相关性主要体现为外部和内部联系。外部联系主要表现为与外界存在的物质、能量、信息的交换;内部联系主要表现为内部诸要素之间的相关性,与系统形成高度的整体统一性,也处于动态变化的稳定状态,存在状态随时间变化而变化,呈现动态相关性特征。

4.可预测性

事故致因理论认为,在安全风险事故发展进程中,人的因素的运动轨迹与物的因素的运动轨迹的交点,就是事故发生的时间和空间。在空间域内,安全风险控制主要表现为按照特定的组织形式构成,保障各个要素处于正常状态的功能和目的,呈现出层次性特点。在时间域内,安全风险控制系统内组织结构与分布位置是随时间变化而变化的,呈现出有序性特点。因此,从事件的起始状态出发,按事件发展先后次序和逻辑关系分解成不同的阶段,逐一分析其中每个要素在正常(希望发生事件)和失效(不希望发生事件)两种状态下呈现的事态结果,便可定性解析整个事件的动态变化过程:事故发生、发展的过程及其结果,预测其发生的可能性及危害程度,制定相应的防范控制措施,防范安全风险事故的发生或将其危害程度降至可接受范围内。

5.可控制性

安全风险事故的发生都要具备三个要素条件,即潜在的危险源(又称风险点)、存在条件和触发因素。其中任何一个要素条件缺失,便可控制风险事故的发生。因而安全风险可通过消除危险源,改变条件状态或控制触发因素等措施进行防范控制,以保障系统预定目标的顺利实现。

## 二、劳动安全风险的类型

人类所有的社会活动本质上都是与外界环境能量、物质或信息的交换,安全事故就来自能量或有害物质的非正常转移。能量或有害物质受控正常,则达到做有用功的目的;反之,处于失控状态,则会导致人身、财物或环境等受损。由此可见,能量或有害物质就是客观存在的安全风险因素,也是事故发生的根本原因,具有根源性;非正常转移则说明人为控制因素处于失效状态,不符合安全风险控制的客观规律或环境要求,也就是说人为控制因素是安全事故发生的直接原因,呈现状态性。因此,我们可把劳动实践中的安全风险分为两类:一类是能量或有害物质,即根源性安全风险;另一类是对能量或有害物质的控制,即状态性安全风险。

我们通过分析大学生劳动实践中可能存在的安全风险起因物和施害物,按学科结构设计进行归类,可将其划分为物理性、化学性和生物性安全风险。

### (一) 物理性安全风险

#### 1. 机械性伤害安全风险

机械性伤害安全风险泛指因致伤物机械力的直接作用而对人体的器官组织结构造成破坏或功能障碍的安全风险因素,如物体动能打击、人体势能撞伤或倾覆等物理性伤害。

#### 2. 触电伤害安全风险

触电是指人体触及电源,致使高压电流经导电介质传递通过人体时形成电势差,进而引起人体的组织损伤和功能障碍,情况严重者可导致心跳和呼吸骤停。超过 1 000 V(伏)的高压电还可引起灼伤。

#### 3. 内能伤害安全风险

内能伤害安全风险通常是指高温或高压的物质在装置容器发生爆裂瞬间因释放巨大能量而造成伤害的安全风险因素,也包括人体直接接触高温物体或低温物质而产生的灼烫、冻伤等,如生活中最常见的开水烫伤、普通明火烧伤等。

#### 4. 辐射性伤害安全风险

辐射性伤害安全风险是指强光或电磁波直接辐射作用于人体而导致人体生理性功能障碍的安全风险因素,如氩弧焊产生的强光刺激眼睛导致失明。此外,还有微波类安全风险。它是指频率在 300 MHz～3 000 GHz、波长在 0.1 mm～1 m 的电磁波,因热效应、电磁效应作用于生物体内组织,使细胞膜内外液体的电状况发生变化,干扰生物电的节律,而造成心脏活动、脑神经活动及内分泌活动等一系列障碍的安全风险因素。

### （二）化学性安全风险

化学性安全风险泛指劳动作业中因危险化学品保管、使用时防护不当而引起的事故类型。其中，有的是因直接接触本身具有有毒、有害等危险性状的化学物质而导致的安全事故；有的是危险化学品因外界条件变化而发生氧化、爆炸或腐蚀等反应而产生的安全事故。按照国家标准 GB13690－2009《化学品分类和危险性公示通则》（2009 年 6 月 21 日发布）的分类标准，化学性安全风险可分为以下类型：

1. 理化危险

理化危险主要有爆炸物、易燃气体、易燃气溶胶、氧化性气体、压力下气体、易燃液体、易燃固体、自反应物质或混合物、自燃液体、自燃固体、自热物质和混合物、遇水放出易燃气体的物质或混合物、氧化性液体、氧化性固体、有机过氧化物、金属腐蚀剂等 16 类。

2. 健康危险

健康危险主要有急性毒性、皮肤腐蚀（或刺激）、严重眼损伤（或刺激）、呼吸或皮肤过敏、生殖细胞致突变性、致癌性、生殖毒性、特异性靶器官系统毒性——一次接触、特异性靶器官系统毒性——反复接触、吸入危险等 10 类。

3. 环境危险

危化品可对水生环境造成危害，包括急性水生毒性和慢性水生毒性。

### （三）生物性安全风险

生物性安全风险泛指因劳动作业环境呈现生态多样性，存在会对劳动主体直接产生危害的有害动植物和病媒生物，从而导致劳动主体中毒、受伤或生病等的安全风险因素。例如，由于食入、吸入、皮肤接触有毒有害生物而造成的器质性或功能性损害。根据我国"有毒生物标本库"的分类标准，日常环境中的有害生物主要有以下类型。

1. 有毒植物

植物中的生物碱、多肽、胺、糖苷、树脂、植物毒素和蛋白酶等自身带有毒性,经食入、吸入和皮肤接触等途径,进入人体组织和血液循环系统,会发生毒理反应,产生中毒、过敏等症状,严重者或出现不适、器官损伤甚至死亡等情况:

(1)过敏:一些植物,如一品红,全株有毒,特别是茎叶里的白色汁液会刺激皮肤红肿,引起过敏反应,如误食其茎、叶,有中毒死亡的风险;有些植物,如毒漆藤、美国毒漆树和报春花,能够引发皮炎;栽培的仙客来也可导致某些人的过敏反应;触及荨麻、艾麻、水杨梅茎上的毛也可能引起短暂的身体不适。

(2)中毒:人和动物均可产生中毒反应,中毒程度取决于所摄入植物的种类、数量、质量和人、畜自身的年龄和素质等,如巴豆、大戟、何首乌、龙葵等都可能导致人体或动物中毒。

## 2.有毒动物

有些动物的体内组织自带毒素,如河豚的内脏;有些动物具有产毒器官毒腺,专门用于分泌和储存毒液,用于自卫或捕食等生存需要,如毒蜂通过蜇刺的方式将毒液注入受害者体内。动物毒素大多数为大分子类蛋白质物质,主要通过食入、蜇刺或叮咬等途径进入机体的血液系统,使其生理性中毒,轻则出现身体不适、呼吸困难等症状;重则产生抽搐、昏迷和组织坏死等情况,更甚者则会丧失生命。有毒有害动物主要有:

(1)有毒爬行动物:如毒蛇、蜥蜴。

(2)有毒水生动物:如体内组织含毒素的鱼类、毒螺、毒贝,以及腔肠类动物水螅、僧帽水母等。

(3)有毒昆虫:如毒蜂、蝎子、蜈蚣等。

## 3.有毒真菌

有毒大型真菌是指经食入、接触等方式可能引起机体功能性或器质性损害的大型真菌,如毒蘑菇。可按照中毒症状将其分为以下几类:

(1)肠胃炎型:主要有毒红菇、毒粉褶菌等。

(2)神经精神型:主要有鹅膏菌、花褶伞、小美牛肝菌等。

（3）溶血型：主要有溶血毒素的鹿花菌等。

（4）肝脏受损型：主要有鹅膏菌、肉褐鳞小伞等。

（5）光敏性皮肤病型：主要有形状似木耳的胶陀螺等。

4. 病媒生物

病媒生物是指通过直接叮咬或间接机械接触等方式传播病原体，直接对机体健康造成传染病危害的生物。传染病是由各种病原体引起的能在人与人、动物与动物或人与动物之间相互传播的一类疾病。病原体中大部分是微生物，小部分为寄生虫，寄生虫引起的又称寄生虫病。最常见的病媒生物就是：蚊子、苍蝇、老鼠、蟑螂，此外，还有跳蚤、虱子、螨虫、蠓虫等。按传播方式可将其分为两类：

（1）机械性传播：蟑螂和蝇类通过接触病菌源而携带病原体，然后经污染人类食物而引起病菌污染，对人类生命健康形成间接危害。常见疾病有霍乱、痢疾、伤寒和肠道寄生虫病等。

（2）生物性传播：蚊子、虱子、螨虫、蠓虫等病源昆虫将自身体内已有的病原体通过叮咬等方式，将其直接注入或间接传染给人类，在不同物种之间形成交叉传染。主要疾病有疟疾、乙型脑炎、登革热、丝虫病、鼠疫、出血热等。

# 第二节　劳动安全风险防范

凡事预则立，不预则废。正确识别安全风险是科学评价风险、妥善处置事故的前提和基础，是安全风险防范的核心内容。大学生在走向职场前应掌握一定的安全基础理论知识，提升运用科学的风险识别方法，分析和解决安全问题的能力，有效规避因考虑不周、盲目作业、违章操作等而导致的安全风险事故。

## 一、劳动安全风险的识别

劳动安全风险识别的主要内容是对劳动现场安全风险的存在条

件、控制技术和人为因素进行辨识、分析,以便采取相应的防范措施,实现劳动实践的本质安全目标。

按照事物认知的一般规律,劳动安全风险识别可分为前期策划和作业实践两个阶段。

### (一)前期策划阶段

大学生劳动实践活动既有适合个体单独开展的日常生活劳动,又有适合集体开展的服务性劳动和生产劳动。大学生相对缺乏劳动实践经验的积累,因此通常需要通过预先定性分析来识别劳动对象可能存在的安全风险。具体方式是先由个人进行单独分析判断,然后相互交流,群策群力、集思广益。

1. 个体劳动安全风险识别

在初始准备阶段,个体劳动安全风险识别可以通过梳理、分析劳动现场可能存在的安全事故类型、转化条件等,找出可能存在的所有风险因素,具体程序为:

第一步,熟悉劳动实践对象现状。

大学生劳动实践的现场安全状况受生产性质、构成要素及管理水平等一系列因素决定,各个要素之间相互作用、相互依赖,形成有机组合体,呈现系统性特征。因而,个体在劳动实践开始之前,首先,应明确劳动实践的行业属性,了解其特点与性质;其次,摸清作业现场整体的安全系统各要素的数量、功能、位置、次序及其状态;最后,结合作业环境的条件限制,分析总结其可能存在的风险因素。在条件允许的基础上,还可通过请教相关人员,询问生产主体过去曾经发生过的事故类型,预测分析生产现场可能存在的安全风险。

第二步,辨识安全风险因素。

个体应根据劳动实践作业性质,结合上一步积累的安全知识和经验,首先,从风险事故类型角度分析识别可能的起因物和施害物,如:前文提到的能量源、有害物质源和有害生物源;其次,从风险防范控制角度分析人的不安全行为和物的不安全状态,如:人为操作失误、设备老化及环境条件变化等;最后,从安全管理角度查找缺陷,如:作业现场标识缺失、工艺流程设计不合理等,分析可能造成人员伤亡、财产损失和社会危害的风险因素。

第三步,识别分析转化条件。

个体应在全面了解生产主体安全状况和风险因素的基础上,进一步研究风险因素演变成安全事故的条件,确定事故形成的真正原因,从风险因素发展变化规律的角度制定相应的控制装置及防范措施。

第四步,确定危害程度等级。

个体需预估安全风险因素可能导致的危害程度大小,对照风险事故危害程度等级,了解其划分标准(表5-1),分析确定其危害程度等级,为后续的风险防范与应对处置做好相应的准备工作。

表5-1　风险事故危害程度等级划分表

| 等　级 | 风险状态 | 风险事故危害大小 | 防　范　措　施 | 备　　注 |
|---|---|---|---|---|
| Ⅰ级 | 安全的<br>(可忽略的) | 不会造成事故 | 无须管控 | |
| Ⅱ级 | 轻微的<br>(可容忍的) | 尚不能造成事故 | 应当适时排除 | |
| Ⅲ级 | 临界的<br>(需控制的) | 处于事故的边缘状态,暂时还不会造成人员伤亡或财产损失 | 应当予以排除或采取控制措施 | |
| Ⅳ级 | 危险的<br>(损害性的) | 必然会造成人员伤亡或财产损失 | 立即采取措施 | |
| Ⅴ级 | 灾难的<br>(破坏性的) | 会造成灾难性事故(多人伤亡,系统损毁) | 必须立即排除 | |

第五步,制定风险防范措施。

个体需按照危险因素导致事故的可能性和造成损失的严重程度,进行危险等级划分;确定危险等级后,按轻重缓急采取安全风险防范措施,可以对危险因素加以有效控制。

第六步,记录识别分析结果。

个体需根据对安全风险的分析,设定风险因素、发生条件、致因事件、事故后果、危害等级和防范措施等六项指标,并记录分析结果(表5-2)。

表5-2　安全风险识别分析结果记录表

| 风险因素 | 发生条件 | 致因事件 | 事故后果 | 危害等级 | 防范措施 | 备　注 |
|---------|---------|---------|---------|---------|---------|-------|
|         |         |         |         |         |         |       |
|         |         |         |         |         |         |       |
|         |         |         |         |         |         |       |
|         |         |         |         |         |         |       |

**2. 集体劳动安全风险识别**

大学生劳动实践大多属于集体性劳动,因而其风险识别可在个人已完成的预先分析的基础上,再组织开展集体劳动安全风险的预知分析活动。具体方法是将作业现场中潜在的危险因素及其可能引起的事故后果,通过描绘现场和作业情况的图示,以及现场的实物演示,使班组成员明确危险所在,掌握危险要点和重点防护措施,使危险因素在行动前得以消除。

(1)活动组织实施程序。

第一阶段:掌握现状——系统中潜在的危险因素。

首先,班组负责人事先根据现场情况和作业条件,提前做好平面布局图和功能示意图,带领组员一起研究识别图中有哪些潜在的风险因素,并说明情况。

其次,班组负责人以提问的方式询问组员是否存在潜藏危险;组员通过思考,设想可能发生的事故,回答其中可能存在的危险因素及其后果;记录员如实做好内容记录。

最后,班组负责人引导全体组员表达对活动训练的看法。

第二阶段:识别风险——确定系统中危险因素的重点。

该阶段针对已发现的主要危险因素,由班组全体成员共同进行分析、评价,区分出危险因素的重点。

按照第一阶段记录的危险因素,班组全体成员逐个审查各项内容,按危害程度等级用不同的标记标注需控制的、具有损害性的或灾难性的风险因素。班组负责人对其中重要的危险因素要专门强调。

第三阶段:策划应对——个人的应对策略。

该阶段是针对第二阶段确定的需控制的、具有损害性的或灾难性的风险因素,由班组成员提前策划可能导致重大危险事故发生的因素的防范措施的阶段。

根据需控制的、具有损害性的或灾难性的重大风险因素,为了防止其发展成为事故,要求班组成员思考并提出处理方案。另外,需特意强调"如果在这种情况下,你务必这样处理……"等具体可行的措施,帮助其提高安全防范能力。

第四阶段:制定目标——集体的应对策略。

该阶段要求班组负责人根据策划方案中需重点关注的项目,组织班组成员议定班组一致的行动目标与内容。

在具体的策划方案中,班组必须确定重点关注项目需采取的措施,明确行动目标,如"必须立即实施""必须这么办"等,用标记加重区别。行动目标最好形成口号,便于活动结束时班组全体成员呼唱,进一步加深其安全防范观念和控制能力。

(2)活动分析结果记录。

在开展集体安全风险预知分析活动时,班组应事先根据活动开展的目标制定表格,安排专人做好必要的记录,以此作为劳动实践安全风险活动的识别方案,从而提升整体的安全风险的识别能力。

### (二)作业实践阶段

劳动作业实践阶段既有劳动者,也有一般操作工具、设施设备(如动力装置、能源供应等),还有劳动实践场所,属于典型的"人-机-环境"系统理论的范畴,故其风险识别应用安全的人机系统原理与方法。"人-机-环境"系统包含了人、机、环境三个子系统,对标安全系统工程的风险认知原理,则每个子系统的安全风险因素分别对应着人的不安全行为、物的不安全状态和环境的不安全条件三方面因素。

1. 人的不安全行为因素

人的不安全行为因素既有人作为生产劳动者角色的生产操作失误，又有人作为管理者角色的系统管理失误。不论是作为社会属性的生产劳动者，还是组织管理者，其本质都是人，而人的一切失误行为都与其心理和生理的不良因素相关，表现为人的行为结果偏离了安全风险防范控制要求的标准，造成控制能量或危险物质的系统故障或技术失效，从而产生安全风险事故。

（1）生产操作失误。

从产生生产操作失误的原因进行分析，在劳动实践中，生产劳动者会造成三种操作失误的类型，即在执行必要的任务和程序时失败、不正确执行必要的任务和程序、执行了指令序列以外不必要的任务和程序等。这主要是生产者个人的能力欠缺、人的主观意识疏忽、人的不良生理或心理因素所致，常见的生理、心理不良因素有疲劳过度、生物节律失调、意识状态不清（如酒后、生病服药等）、女性生理周期等。

（2）系统管理失误。

系统管理失误主要体现在管理缺陷上，如系统安全标识因长时间风化褪色而不清晰，机械设备未按照制度规定检修或检修不到位。归根结底，这些依然是源自人的因素，和生产操作失误发生的原因类似，受生产者个人主观意识不强、重视程度不够、积极性不高等不良的生理或心理因素影响。

2. 物的不安全状态因素

物的不安全状态因素既有能直接导致人身、财产和环境受损的能量、能量载体或有毒有害物质等固有危险源，又有导致这些固有危险源控制技术失效的因素，如机械设备零部件的老化、工艺流程等防护装置控制技术的失效等。一般情况下，系统在建设初期，已根据危险源或风险点进行了消除处理，对于不能根除的安全风险则应采取相应的控制、防护或隔离等技术控制措施，以风险控制功能为标准划分，主要有以下几类：

（1）安全风险控制类装置。

安全风险控制类装置既有用于保护电器元件的熔断器、控制速度的限速器、用于泄压的安全阀和爆破膜等直接控制装置，又有检测温度、压力、湿度、粉尘和危险气体含量等各类参数的间接控制装置，其目的是降低安全风险事故发生的可能性。

（2）安全风险防护类装置。

安全风险防护类装置主要是机械防护和人身防护。机械防护包括，诸如医院放射性检验室的建筑用料为含铅材料构筑的固定工事防护，用于漏电保护和消防喷淋系统等的自动连锁防护，汽车防撞系统的紧急制动防护，以及用于远距离控制系统的遥控防护等。人身防护是指保护人的生命和健康的防护用品，主要有防止高空坠落或高速碰撞用的安全带、安全帽或头盔，防辐射用的面罩或护目镜，用于绝缘的安全鞋，以及具有呼吸系统辅助作用的口罩、呼吸机等。

（3）安全风险隔离类装置。

安全风险隔离类装置是对暂时不能控制或消除的、具有较大危险性的设施、设备或场地所采取的标线、标牌或加装工事等的控制措施，如在危险区域设置标线、悬挂标牌、加装栏杆或防护网等，在楼宇建筑中设置的防火墙，为防止爆炸冲击波危害而设置的安全距离等。

3. 环境不安全条件因素

在"人-机（物）-环境"系统中，一切非人因素都是改进和塑造的对象，目的是使其更好地适应人的特征和要求。显然，其中既有环境条件对人的直接作用，又有环境条件对物进行塑造，使其适应人的特征和要求的间接作用。

（1）直接作用于人的环境条件。

生产作业环境中的温度、湿度、压力、照明、通风、振动或噪声等因素直接作用于人体，对劳动者的心理、生理会产生不同程度的影响。作用力度一旦超过人的心理或生理承受的极限，则会导致其健康受损甚至危及生命。如：在通风照明不良、噪声强度较大、工作空间狭窄拥挤、劳动环境脏乱差、高温高湿、劳动场所粉尘、毒物等暴露的环境中工作,劳动者会烦躁、易怒、情绪不稳定,可能出现听力受损、中暑等生理性的症状危害,对其神经系统和心血管系统也会产生不同程度的影响。

（2）直接作用于物的环境条件。

环境不安全条件直接作用于物引起的安全风险,主要体现在两个方面:一是固有危险源贮存不当,如危险化学品因温度、震动等因素而发生爆炸事故;二是危险源控制技术装置因环境不安全条件因素而引发安全事故,如:泄压装置安全阀受到腐蚀处于失效状态而发生爆炸事故等。

## 二、劳动安全风险的防控

安全风险防范是从安全目标出发,应用安全学科、心理学科和系统学科等知识,包括理论、方法和行为等,防范人类赖以生存的整个系统中存在的安全风险。系统安全风险防范控制既有宏观层面的,又有微观层面的。宏观防范控制主要是以整个系统为对象,采取强制性措施,如法规制度(包括经济奖惩和教育培训等手段)防范控制安全风险;微观防范控制则以具体的危险源为防控对象,通过贯彻执行法规制度等强制性措施对具体的危险源进行防范控制。

大学生劳动安全风险的防范主要集中在微观层面,主要需要防范控制好人的不安全行为和物的不安全状态。

### （一）人的不安全行为防范

在人类的一切社会活动中,人是行为主体并起着核心控制作用,从安全心理学角度可将其分为有意识不安全行为和无意识不安全行为。有意识不安全行为即恶意破坏行为,国家已从立法层面予以禁止。无意识不安全行为受人的心理动机因素的影响,因而对其防范要从人的认知、情绪、能力、行为和习惯等方面开展。

#### 1. 保持健康的心理状态

劳动者个人受遗传、发育水平、认知能力及年龄状况等因素的影响,心理素质和性格特质呈现明显的差异。即使是同一劳动者,在不同的时间阶段受思想情绪、身体状况、周围环境等影响也会呈现不同的心理状态,而心理因素差异则对劳动安全有着极其重要的影响。大量心理实验证明,乐观向上的积极情绪有助于人的潜能的开发,在应付处理复杂的社会关系方面更容易获得成功,进而促进人的心理状态趋于更健康的状态。反之,悲观厌世的消极情绪会导致人的行为反应迟钝,在应对处理安全风险时更容易导致安全事故的发生。

因此,保持乐观积极的情绪、健康良好的心理状态是防范控制劳动安全风险的基本要求。

**2. 树立安全底线意识**

牢固树立"生命至上、安全第一"的底线意识,这是劳动教育必须遵循的基本原则,更是系统实现本质安全的根本保证。意识是行动的先导,安全底线意识就是将安全风险看成事故危害,人的一切行为以规避事故危害的发生为基准,把安全风险可能引发的事故损害控制在能接受的水平以内,并形成持久稳定的安全防范行为习惯,让人的行为习惯为安全保驾护航。劳动中的安全防护意识是劳动者必备的素质,宜尽早培养,更需平时积累。如:熟悉各类安全标识、杜绝带电操作、防止疲劳作业,在不同的环境中采用不同的必要的防护措施,随时注意周围的环境风险因素变化,不将自己置于危险中,并能在保护自己的同时照顾和保护他人等。

**3. 强化安全知识技能**

丰富的安全知识和技能是提高安全风险防范能力的决定性因素。因此,大学生作为初涉劳动实践的工作者,仅凭日常生活中积累的安全常识不足以应付现代工业生产中存在的安全风险,还需系统学习安全理论知识,积极参与应急演练活动,储备丰富的安全抢险与逃生技能,掌握不安全因素发展变化的客观规律,提升自身安全风险防范意识和险情应对能力。

#### 4. 严守安全管理规则

安全管理规则是一种科学高效的控制技术设计。在系统工程中表现为安全信息指示,主要有三类:一是安全标识提示,如安全标线、标牌警示等;二是操作规范,如机械设备操作说明、工艺流程等;三是法规制度,如国家相关法律、组织制度规定等。在劳动实践中,劳动者不能因为贪图省事而忽视安全标识的提示,更不能抱有侥幸心理违章操作,严守安全规则就是严守生命线,劳动者的个体行为必须遵守各项安全管理规则。美国安全学家海因里希的事故因果连锁理论指出,可预防的安全事故中接近90%的事故发生是因为人的不安全行为,其中因劳动者的心理导致的不遵守安全管理规则的行为占大多数。因此,严守安全管理规则是防范劳动安全风险行之有效的手段。

### (二)物的不安全状态控制

物的不安全状态控制主要是防止控制技术失效。在安全的人机系统中,控制技术失效产生的安全风险一方面来自外部的人的失误行为,另一方面来自内部防护装置自身的故障。

#### 1. 人的失误行为控制

人的失误行为是导致各类安全风险事故发生的重要因素,在大型灾难性伤亡事故中,人为失误引发的事故占到70%以上。因此,针对人为失误的控制技术是安全系统工程学科研究的重点内容。

(1)防止失误操作的方法。

该类技术方法是充分运用认识原理中人的感觉系统,将正确的作业方法通过技术手段转换为能被人直接感知的防范措施。例如,利用人的视觉系统对颜色、灯光和形状等的感知而设置的信号灯、交通指示灯、危险区域隔离标线等;利用人的听觉系统对声音的感应而设置的急救、火灾等的报警声音等。

(2)人为失误无害化处理。

该类技术方法主要是为了达到人不受伤害或生产不被中断的目标而开发的连锁装置和事故预防装置。其中,连锁装置主要用于人身安全受到威胁的系统或设备,一旦操作失误,设备立即关停,最常见的连锁装置有家用漏电保护器等。事故预防装置是在保证人身安全的前提下,防止生产中断而造成经济损失,确保系统或设备不受人的失误或个别部件发生故障的影响,从而实现本质安全。

**2. 技术防护装置故障控制**

在劳动生产中,个体除了遵守安全规则,还必须强化技术防护措施。

(1)强化检修保养,提高防护装置的可靠性。

工欲善其事,必先利其器。安全风险的控制是人通过技术防护装置实现的,在安全风险防范中的位置仅次于人的因素。因此,在劳动安全风险控制中,个体一定要树立"上医治未病"的安全理念,变"被动应急处置"为"主动预防处理",遵循机械设备与防护装置的生命周期规律,强化检修保养,提高其可靠性。

(2)拒绝"带病"运行,降低危险发生的可能性。

安全风险属于系统性风险,牵一发而动全身,小故障可能引发大问题。因而在劳动生产中,个体务必做到见微知著、防微杜渐,拒绝任何机械设备或防护装置"带病"运行,以有效降低危险发生的可能性。

(3)建立健全信息共享机制,减小安全事故的危害性。

在社会高度分工的现代工业体系中,人们自身的知识结构存在局限性,因此劳动者的安全风险常常来自个体对危害信息的无知。因此,建立快速有效的信息联动机制,共同分享安全风险信息,是劳动安全风险防范控制中受益最广、效率最高的方式。

# 第三节　职业健康安全应对

党的十九大作出实施"健康中国战略"的重大决策部署,强调"人民健康是民族昌盛和国家富强的重要标志"。2019年6月24日,国务院发布了《关于实施健康中国行动的意见》,并成立健康中国行动推进委员会,确定了《健康中国行动(2019—2030 年)》路线图,其中,针对心理健康和职业健康提出了明确的要求。

## 一、安全事故心理创伤及其应对

一般来说,事故后受灾者会产生心理应激反应,尤其是重大灾害后。这种负面心理状态往往具有隐蔽性,会妨碍受灾者的正常生活,如不及时干预救治,这种创伤可演变为不可逆的心理问题,对受灾者造成更大的伤害。

### (一) 事故创伤常见心理问题

安全事故心理创伤源自事故灾害的破坏性作用。事故灾害引起生存环境发生异常剧烈的变化,使受灾者产生过激反应,会造成不同程度的心理(精神上)和生理(身体上)伤害,如:在生理上出现部分功能紊乱,在心理上出现情绪变化、认知障碍或行为异常等心理危机(表 5 - 3)。

表 5 - 3　事故引发的生理反应和心理伤害

| 事 故 创 伤 | | 症 状 表 现 |
| --- | --- | --- |
| 生理反应 | | 失眠、做噩梦、疲惫,还有头晕恶心、呼吸不畅、消化不良等生理性功能紊乱 |
| 心理伤害 | 认知障碍 | 注意力不集中、缺乏自信、判断困难、健忘、效能降低,思维纠结于灾情等 |
| | 情绪过激 | 恐惧、悲伤、愤怒、自责、焦虑、绝望、无助、易激怒、悲观抑郁等 |
| | 行为异常 | 出现逃避、过度依赖他人等消极行为 |

### (二) 劳动者心理健康管理策略

近年来,劳动者心理健康已受到社会各界的普遍重视,也是医学界重点研究的课题。针对安全事故心理危机的干预技术开发已趋于系统化,并被广泛应用于灾后心理创伤的救治,成为事故灾害抢险应急处置的有机组成部分。在安全事故中,受灾者的身心在短时间内遭受巨大的创伤,对其实施早期的心理危机干预,可以有效避免其因机体调节功能减退而引发的应激反应,减少并发症的发生,对于帮助事故受灾者消除心理障碍、恢复心理健康有着重要的意义。

1. 关怀安抚

重大事故发生后对受灾者实施关怀安抚尤为重要,可一方面组织相关人员通过走访慰问等形式,了解掌握受灾者的心理真实诉求,让他们意识到自己并不孤独无助;另一方面联系社会救助系统,解决其面临的困难,如:财产损失如何获得保险赔偿、健康受损如何向政府职能部门申请救助等,让他们的生活无后顾之忧,进一步增强受灾者解决困难的信心,重振生活的勇气和信心。

2. 心理疏导

心理学研究表明,缺乏必要的沟通是造成心理消极、抑郁的主要原因。因此,根据受灾者的心理危机状态,可以制订不同的有针对性的交流沟通方案,如单独陪伴交流倾诉、组织文化活动等。这些措施可有效释放或转移事故受灾者的心理压力,调节其情感和心理,消除忧郁、孤独等负面情绪,培养乐观的思维方式,以达到心理创伤恢复的目的。

3. 医学治疗

在事故灾害中,对产生创伤后应激障碍(PTSD)的高危人群,应及时实施医学心理治疗干预,并辅以药物治疗措施,有效缓解其心理不适症状,增加他们对心理干预的依从性,从而为实现其心理康复创造最佳条件。

## 二、常见职业病的危害及其预防

《中华人民共和国职业病防治法》界定:职业病是指企事业单位等用人单位的劳动者在职业活动中,因接触粉尘、放射性物质和其他有毒、有害物质等因素而引起的疾病。按照国家现行的《职业病分类和目录》(2013 年 12 月 30 日发布),职业病主要包括与职业相关的尘肺及其他呼吸系统疾病、放射病、化学中毒、物理致因疾病、传染病、皮肤病、眼病、耳鼻喉口腔疾病、肿瘤疾病和其他疾病等 10 大类,共

132 种。

### （一）职业病的危害及其来源

目前,我国职业病危害分布广泛,从传统工业到新兴产业以及第三产业,都存在一定的职业病危害,严重的职业病会影响劳动者的健康,甚至造成社会问题,形成恶劣的社会影响。2019 年,粉尘危害占全部新发职业病的 81.83%,职业性耳鼻喉疾病占 8.35%,中毒占 4%,三者占全部新发职业病的 94.18%。其危害主要来源于生产环境、生产工艺过程和劳动过程三个方面。

### （二）职业病的预防

职业病的预防是实施职业健康行动的首要任务。按照《中华人民共和国职业病防治法》规定,职业病防治按照三级预防的原则执行,即:一级预防是使劳动者尽可能不接触职业性的有害因素,如改变生产工艺过程,在生产中以无毒物质代替有毒物质,并做好职业卫生培训和上岗前职业健康检查,及时发现职业禁忌症者;二级预防又叫"三早"预防,即早发现、早诊断、早治疗,防止其进一步发展;三级预防是指劳动者患病以后,对其进行积极治疗,使劳动者及时脱离接触,防止恶化和并发症,促进康复。职业病危害的预防涉及国家、社会和个人三个层面,属于系统性工程,需多方协作方可有效预防。

1. 国家治理层面：实施"健康中国战略",推进职业健康保护行动

实施"健康中国战略"是国家民生工程建设的重要内容。国家政府职能部门首先从立法角度研究修订职业病防治法律法规和标准体系;其次,应用科技资源优势研发、推广职业健康新技术、新工艺、新设备和新材料;再次,从监管职能角度,完善职业健康管理技术的支撑体系,强化职业健康监督检查,推动"健康企业"建设等。

2. 社会用人单位层面：开展职业健康保护,完善职工健康保障

保护职工健康是社会用人单位的基本责任。用人单位要积极响应国家号召,认真开展职业健康保护行动,依法优化单位用工的劳动环境、健全职业健康监护制度,确保为劳动者提供的工作环境条件卫生环

保、生产基础设施硬件配置不低于国家法定标准的要求,组织开展"健康达人"活动等。

3. 劳动者个人层面:远离职业病危害,争做职场"健康达人"

劳动者作为职业健康的第一责任人:首先,要从思想上牢固树立职业健康意识,认真学习职业病防治知识,提升急性职业病危害事故应急处置能力;其次,从行动上严格遵守生产操作规程,积极参与单位组织的职业健康管理,发现异常或自我感觉不适时及时寻求救助;再次,正确使用个人防护用品,拒绝参与无职业健康防护的劳动作业,并善于处理职业健康防护中的违法行为,等等。

## 课 后 思 考

1. 我们在生活中应该如何辨别安全风险隐患?

2. 我们应该运用什么方法来防止安全事故的发生?

3. 如何发现和预防职业病?

# 第六章　大学生劳动与就业权益保障

【学习目标】

1. 了解劳动关系的概念及构成；

2. 了解劳动权益保障的概念、类型以及途径；

3. 了解大学生就业权益保障的政策及权益维护的方法。

【章节导读】

引导学生真正做好参加劳动的准备是劳动教育的重要内容。大学生作为即将迈入社会的劳动者，必将面临复杂多样的社会环境和劳动关系，了解和掌握必要的劳动和就业权益保障知识，有利于学生维护自身的劳动权益。本章以劳动关系、劳动权益保障、大学生就业权益保障为着眼点，主要阐述了劳动关系的概念和主体、劳动权益保障的法律规范、劳动权益受损的处理途径，以及大学生就业政策支持和权益维护等内容，为大学生了解劳动与就业权益保障提供科学指导。

# 第一节 劳 动 关 系

## 一、劳动关系概述

### （一）劳动关系的概念与内容

劳动关系,通常是指生产关系中直接与劳动有关的那部分社会关系,或者说是指整个社会关系系统中与劳动过程直接相关的社会关系系统。具体地说,劳动关系是指劳动者与劳动力使用者以及相关组织,为实现劳动过程所构成的社会经济关系。劳动关系是用人单位与劳动者个人及团体之间产生的、由双方利益引起的合作、冲突、力量和权利关系的综合,在一定程度上受到社会的经济、技术、政策、法律制度和文化背景的影响。

劳动关系包含以下几个方面的内容:

（1）劳动关系的目的。劳动关系是与劳动过程相联系并在劳动过程中形成的,实现劳动过程是劳动关系的直接目的。

（2）劳动关系的主体。劳动关系是以劳动者和劳动力使用者(用人单位)为基本主体构成的,但为实现劳动过程,相关的社会组织——主要是作为社会生产过程的组织协调者的政府、作为劳动者利益代表的工会组织以及作为雇主利益代表的雇主组织,也是不可或缺的。

（3）劳动关系的性质。劳动关系的基本性质是社会经济关系,或者说,劳动关系是以经济关系作为基本构成的社会关系。

劳动关系是社会生产过程中劳动者与生产资料结合的具体表现形式,是通过人与人的关系来解决人与物的关系,即解决劳动者和生产资料相结合的问题。这种劳动者和生产资料的结合,是通过劳动者与作为生产资料的代表者的雇主的关系来实现的。劳动关系的构成,在私有制的劳动关系中,雇主代表私营企业主的利益与劳动者形成劳动关系;在公有制的劳动关系中,雇主代表国家利益与劳动者形成劳动关系。《中华人民共和国劳动法》对于劳动关系双方的构成,具体规定为"用人单位和劳动者的关系"。

在劳动关系中,劳动者向雇主让渡自己的劳动力,雇主向劳动者支付劳动报酬。其中,工资是连接劳动者和雇主的最基本的要素,即雇主是通过支付工资来雇佣劳动者的,劳动者则是为了获取工资才接受雇主的雇佣,并为其付出劳动力的。在市场经济条件下,工资就其性质而言,是市场所决定的作为生产要素之一的劳动力价格,是劳动力价值的价格表现。所以,劳动关系在本质上,是一种经济利益关系。

### (二)劳动关系的主体

1. 劳动者

(1)劳动者的概念。

马克思主义政治经济学中劳动者的概念为:因丧失生产资料而被迫把劳动力作为商品出卖给资本家的无产者。他们在资本家的监督下为资本家生产剩余价值。

在现代产业社会中,劳动者是指参加劳动并以自己的劳动收入作为生活资料主要来源的人。这个概念包括两个方面的意思:其一,劳动者指的是参加劳动的人,包括体力劳动者和脑力劳动者;其二,劳动者指的是以自己的劳动收入为生活资料主要来源的人。

(2)劳动者的权利。

劳动者权利是指处于社会劳动关系中的劳动者在履行劳动义务的同时所享有的与劳动有关的权利。劳动者权利的内容主要包括劳动就业权、劳动报酬权、劳动休息权、劳动保护权、社会保障权、参与权、教育与培训权、社会组织权等。

《中华人民共和国劳动法》第三条规定:"劳动者享有平等就业和选择职业的权利、取得劳动报酬的权利、休息休假的权利、获得劳动安全卫生保护的权利、接收职业技能培训的权利、享受社会保险和福利的权利、提请劳动争议处理的权利以及法律规定的其他劳动权利。"

2. 雇主和雇主组织

（1）雇主的概念。

雇主是劳动关系中对劳动力使用者的称谓，是指一个组织中，使用雇员进行有组织、有目的的活动，且向雇员支付工资报酬的法人或自然人。

在市场经济的劳动法律中，雇主是指在具体劳动关系中与劳动者相对应的另一方。如果说，劳动关系是劳动者与生产资料结合的具体形式，那么雇主在劳动关系中就是生产资料的代表，是现代劳动关系中代表资方负责管理和处理劳工事务的法人和自然人。

（2）雇主的权利和义务。

雇主的权利与义务有广义和狭义两种理解。广义的雇主权利与义务是指雇主在其生产经营活动中与各类社会主体包括国家机关、社会团体以及公民个人形成的法律关系中包含的权利与义务。而狭义的雇主权利与义务，是指劳动法律关系中的雇主相对于雇员而言的权利与义务。

雇主和雇员作为劳动关系的双方当事人，其权利和义务是相对应的。一方的权利即为另一方的义务，而一方的义务则为另一方的权利。但从立法原则和实践中看，雇主在劳动关系中所应承担的义务要远远多于其所享有的权利。这主要是因为雇主是生产资料的所有者和就业机会的提供者，他们在劳动关系中占有优势；而雇员在劳动关系中处于相对弱势的地位。因此，雇主除其固有的权利外，劳动法意义上的雇员所享有的权利，基本上就是雇主所应承担的义务。

具体而言，雇主享有的权利包括：组织权亦称团结权、劳动指挥权、奖惩权、闭厂权等。同时，雇主还应履行平等雇佣劳动者、提供劳动报酬、保证工人休息休假权、提供社会保险、保证工人安全和健康、提供职业培训等义务。

（3）雇主组织。

雇主组织是由雇主依法组成的组织，其目的是通过一定的组织形式,使单个雇主形成一种群体力量,在产业和社会层面通过这种群体优势同工会组织抗衡,最终促进并维护每个雇主成员的具体利益。雇主组织主要有以下三种类型:行业协会、地区协会、国家级雇主联合会。

雇主组织在欧美发达国家的发展较为完备,它最主要的作用是在劳动关系中代表雇主的利益,但这种代表作用随着经济和社会进步,其内容和方式也在不断变化。传统的雇主组织的主要作用是协调雇主之间的内部利益,以便同工会进行集体谈判,从而维护雇主的整体利益。随着经济发展和劳动关系趋向规范化和法制化,雇主组织的主要作用则转向以立法参与和为会员提供所需要的服务为重点。

3. 工会

(1) 工会的概念。

著名的工联主义者韦伯夫妇认为:"工会者,乃工人一种继续存在之团体,为维持或改善其劳动生活现状而设者也。"《牛津法律大辞典》关于"工会"的定义为"现代工业条件下雇佣工人自我保护的社团"。恩格斯指出:"通过工会使工人阶级作为一个阶级组织起来。而这是非常重要的一点,因为这是无产阶级的真正的阶级组织。"列宁指出,工会是"无产阶级在阶级范围内的最广泛的组织"。

《中华人民共和国工会法》将工会定义为:"是职工自愿结合的工人阶级的群众组织。"《中国工会章程》进一步将中国工会明确为"中国共产党领导的职工自愿结合的工人阶级群众组织,是党联系职工群众的桥梁和纽带,是国家政权的重要社会支柱,是会员和职工利益的代表"。

(2) 工会的主要作用。

工会的作用是一种社会结果,其作用的发挥是一个动态的过程。一般意义而言,工会的主要作用体现在以下四个方面:一是总体上提高了工资福利水平及劳动价值;二是推动了产业民主的进步,促进了企业管理水平的提高;三是为生产效率的提高提供了可能;四是在维护社会公正方面发挥积极作用。

4．政府

（1）政府的概念。

广义政府泛指各类国家权力机构，即立法、行政和司法机构的总称。狭义的政府仅指国家机构中执掌行政权力、履行行政职能的行政机构。

政府是一个国家为维护和实现特定的公共利益，按照区域划分原则组织起来的，以暴力为后盾的政治统治和社会管理组织。

（2）政府在劳动关系中的作用。

作为社会公序良俗的设定者、维护者，政府在劳动关系中无疑起着重要的作用。具体而言，政府在劳动关系运行中应发挥以下四个方面的作用：① 劳动政策的制定。政府通过出台法律、法规来调整劳动关系。② 劳动力市场的建立与完善（保障就业）。③ 劳动条件的维持和提高（劳动标准）。④ 劳动关系的协调。

### （三）劳动关系的层级结构

劳动关系可以区分为广义的劳动关系和狭义的劳动关系。广义的劳动关系是指在实现劳动的过程中劳动者与劳动力使用者以及相关的社会组织之间的社会经济关系。狭义的劳动关系是指在具体的企业或劳动单位中劳动者个人与劳动力使用者之间的关系。

广义的劳动关系是一个由不同层级劳动关系所构成的劳动关系系统。不同层级的劳动关系由不同的劳动关系主体构成，并在劳动关系运行中发挥着不同的作用。劳动关系的层级结构主要由个别劳动关系、集体劳动关系和社会劳动关系构成。

狭义的劳动关系，即所谓个别劳动关系。人们在日常生活中所感受和所指向的劳动关系，通常都是指这种个别劳动关系。个别劳动关系是劳动关系最直接、最本质和最一般的构成形态。在个别劳动关系中，包含了劳动关系构成的基本要素和矛盾冲突因素，并体现了劳动关系作为一种社会经济关系的基本特点。劳动关系的从属性和劳动关系的人身性，主要体现在个别劳动关系中。个别劳动关系在实际运行中是与企业的劳动管理关系交织在一起的,这一关系在本质上是一种"从属关系"。个别劳动关系是劳动关系系统的基础构成形态。

集体劳动关系,是指由以工会为代表的劳动者与雇主或雇主组织构成的社会关系。集体劳动关系的主体由劳动者和工会所形成的劳方与雇主和雇主组织所形成的雇主方构成。集体劳动关系最重要的特点是劳动者一方是以工会等组织为代表来介入劳动关系的。集体劳动关系的形成,使得劳动关系能够获得某种平衡。主体独立、权利对等、工会代表,是集体劳动关系的主要特征。交涉、谈判和协商确定劳动条件和劳动标准,是集体劳动关系的主要功能。在市场经济条件下,集体劳动关系是劳动关系系统中的一种核心的劳动关系构成形态。

企业劳动关系首先是一种个别劳动关系,一旦工人成立工会,企业的劳动关系便形成为一种集体劳动关系。如图 6-1 所示。

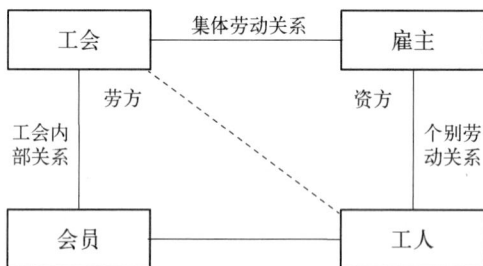

图 6-1　企业劳动关系结构

社会劳动关系即整个社会层面的劳动关系,这一关系又称为工业关系或产业关系。这是一种以劳动力市场为基础的三方关系,包括劳动力提供方的劳方、劳动力需求方的资方以及政府。社会劳动关系通常是一个大的产业、一个地区或一个国家范围的劳动关系。社会劳动关系最重要的特征,就是政府作为一个直接主体介入其中。社会劳动关系所涉及的不仅是劳资双方的具体利益,还包括社会关系和社会利益。社会劳动关系所要解决的是关于劳工政策、经济政策和社会政策等层面的问题。社会劳动关系是一种宏观层面的劳动关系。

劳动关系层级结构(图 6-2)的特点为:个别劳动关系是劳动关系

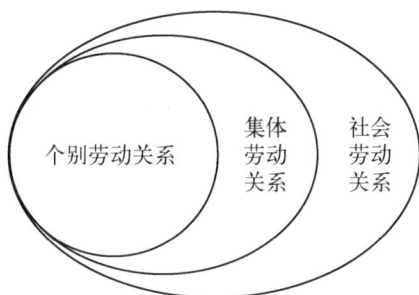

图 6-2　劳动关系层级结构

系统的基础构成,集体劳动关系是劳动关系系统的核心构成,社会劳动关系是劳动关系系统的总体构成。三者是互相关联、逐级包容的关系。

### (四)劳动关系的特征

劳动关系是劳动力所有者(劳动者)与劳动力使用者(用人单位)之间,为实现劳动过程而发生的一方有偿提供劳动力,由另一方用于同其生产资料相结合的社会关系。

1. 劳动关系是一种结合关系

劳动关系的本质是强调劳动者将其所有的劳动力与用人单位的生产资料相结合。这种结合关系从用人单位的角度来说就是对劳动力的使用,将劳动者提供的劳动力作为一种生产要素纳入其生产过程。在劳动关系中,劳动力始终作为一种生产要素而存在,而非产品。

2. 劳动关系是从属性的劳动组织关系

劳动关系一旦形成,劳动关系的一方——劳动者,要成为另一方——用人单位的成员。双方的劳动关系建立在平等自愿、协商一致的基础上,双方在职责上则具有了从属关系。用人单位作为劳动力使用者,要安排劳动者在组织内和生产资料结合;而劳动者则要运用自身的劳动能力,完成用人单位交给的各项生产任务,并遵守单位内部的规章制度。

3. 劳动关系是人身关系

由于劳动力的存在和支出与劳动者人身不可分离,劳动者向用人单位提供劳动力,实际上就是劳动者将其人身在一定限度内交给用人单位,因而劳动关系就其本质而言是一种人身关系。

### （五）劳动关系的类型

劳动关系通常可以划分为以下几种类型：

（1）根据是否订立书面劳动合同，可以分为劳动合同关系和事实劳动关系。

（2）根据劳动者的工作时间，可以分为全日制劳动关系和非全日制劳动关系。

（3）根据是否直接用工，可以分为劳动关系和劳务派遣关系。

（4）根据集体谈判制度，可以分为个别劳动关系和集体劳动关系。

（5）根据"适用"还是"依照执行"的表述，可以分为企业劳动关系和机关事业单位劳动关系。

（6）根据劳动者是否兼职，可以分为单一劳动关系、双重劳动关系和多重劳动关系。

（7）根据是否为主流用工形态，可以分为标准劳动关系和非标准劳动关系。

（8）根据劳动关系建立的标志是否为用工，可以分为一般劳动关系和特殊劳动关系。

## 二、中国特色和谐劳动关系

努力构建中国特色和谐劳动关系，是坚持中国特色社会主义道路、贯彻中国特色社会主义理论体系、完善中国特色社会主义制度的必然要求，其经济、政治和社会意义十分重大而深远。党和国家高度重视构建和谐劳动关系，制定了一系列法律法规和政策措施并作出工作部署，取得了明显成效。2015 年，中共中央、国务院印发《关于构建和谐劳动关系的意见》（以下简称"《意见》"），系统阐述了构建中国特色和谐劳动关系的重大意义、指导思想、基本原则、目标任务和政策措施，明确提出要建立规范有序、公正合理、互利共赢、和谐稳定的劳动关系。这是指导劳动工作的纲领性文件。

《意见》将劳动关系纳入经济发展、国民收入分配的大格局中，着力构建劳动者与企业平衡协调发展的宏观与微观机制，摆脱了传统劳动关系研究与实践中的将劳企双方进行对立的思维，从实现双赢、建立劳动关系中的社会伙伴关系的角度，提出了构建中国特色和谐劳动关系。

中国特色和谐劳动关系的管理有三个关键点：一是抓住劳动合同管理这一重点，确保劳动合同订立、履行、变更、解除、终止和续订全过程的合法合规；二是遵循共建共享的整体原则，调动企业和劳动者双方的积极性、主动性，推动企业和劳动者协商共事、机制共建、效益共创、利益共享；三是开展员工民主制度建设，让劳动者可以通过职工代表大会、厂务公开、劳企协商等方式介入管理决策的制定和实施，通过与管理层的交互作用参与和影响管理行为。

# 第二节　劳动权益保障

## 一、劳动权益概述

### （一）劳动权益的概念

劳动权益是指劳动者作为特定的权利主体所享有的，与劳动相关联的，特定的资格、自由、能力以及由此产生的利益。从严格意义上讲，劳动权作为一个严格的法律概念和法律规则的构成要素，具有对应的义务主体，即国家和用人单位；而劳动权益则是一个复合概念，不仅包含了劳动权本身，更侧重于其利益指向，它不是法律规则的构成要素，也没有严格意义上对应的义务主体。

劳动权益，是由劳动法所规定或肯定的、由劳动权利和劳动义务所共同体现和保障的、由劳动主体最终享有的利益。它是劳动权利和劳动义务的下位概念，更能体现劳动法律关系的本质。

劳动权益相较于其他权益，责任主体呈现出其特有的复杂性。对于处于失业状态的人而言，劳动权益仅仅意味着对狭义的劳动权益的获取，即就业权、工作权，也就是对劳动机会的请求权，相应的保障责任主体是国家和社会。对于处于就业状态的人而言，劳动权益包含完整意义上的劳动权，即休息权、报酬权、培训权、社会保险权、职业安全权、民主管理权、劳动争议处理权等。用人单位是其保障的责任主体。

### （二）劳动者的合法权益

劳动者的合法权益，是指劳动者在劳动过程中依法享有并得到法律保障的权利。在我国，劳动者享有广泛的权利，如就业权、签订劳动合同权、劳动报酬权、休息休假权、劳动安全卫生保护权、职业培训权、获得社会保险福利权、提请劳动争议处理权等。除上述权利外，劳动者还有其他法定权利，如：劳动者依法享有参加和组织工会的权利，民主管理的权利，参加劳动竞赛的权利，提出合理化建议的权利，从事科学研究、技术革新、发明创造的权利，依法解除劳动合同的权利，对用人单位管理人员违章指挥、强令冒险作业拒绝执行的权利，对危害生命安全和身体健康的行为提出批评、检举和控告的权利，对违反劳动法的行为进行监督的权利等。

《中华人民共和国劳动法》第三条规定：劳动者享有平等就业和选择职业的权利、取得劳动报酬的权利、休息休假的权利、获得劳动安全卫生保护的权利、接受职业技能培训的权利、享受社会保险和福利的权利、提请劳动争议处理的权利以及法律规定的其他劳动权利。劳动者应当完成劳动任务，提高职业技能，执行劳动安全卫生规程，遵守劳动纪律和职业道德。

## 二、社会保障概述

### （一）社会保障的概念

社会保障是以国家或政府为主体，依据法律，通过国民收入的再分配，对公民在暂时或永久丧失劳动能力以及由于各种原因而导致生活困难时给予物质帮助，以保障其基本生活的制度。其本质是追求公平，责任主体是国家或政府，目标是满足公民基本生活水平的需要，同时必须以立法或法律为依据。

### （二）社会保障的类型

我国社会保障制度包括社会保险、社会福利、社会救助、社会优抚、农村社会保障及住房保障等。

1. 社会保险

社会保险，是指国家依法建立的，由国家、用人单位和个人共同筹集资金、建立基金，使个人在年老（退休）、患病、工伤（因工伤残或患职业病）、失业、生育等情况下获得物质帮助和补偿的一种社会保障制度。它是现代社会保障的核心内容，是一国居民生活的基本保障。目前，我国社会保险的项目主要有：

（1）养老保险，全称为社会基本养老保险，是为解决劳动者在达到国家规定的解除劳动义务的劳动年龄界限，或因年老丧失劳动能力退出劳动岗位后的基本生活而建立的一种社会保险制度。它是社会保险体系中最重要、实施最广泛的一项制度。

值得一提的是，企业年金制度作为一种补充性养老金制度，是企业及其职工在依法参加基本养老保险的基础上，自主建立的补充养老保险制度。企业年金制度是对国家基本养老保险的重要补充，是我国正在完善的城镇职工养老保险体系的"第二支柱"。

（2）医疗保险，即基本医疗保险，是指按照国家规定缴纳一定比例的医疗保险费，在参保人因患病或意外伤害而就医诊疗时，由医疗保险基金交付其一定医疗费用的社会保险制度。

（3）失业保险，是指由用人单位、职工个人缴费及国家财政补贴等渠道筹集资金建立失业保险基金，对因为失业而导致生活来源中断的人提供基本生活保障，并对其进行专业的训练，为其创造再就业的条件的一种社会保险制度。

（4）工伤保险，是指劳动者在工作中或在规定的特殊情况下，遭受意外伤害或患职业病，导致暂时或永久丧失劳动能力以及死亡时，劳动者或其遗属能从国家和社会获得物质帮助的一种社会保险制度。

（5）生育保险，是指国家通过立法确定的，在职业妇女因生育子女而暂时中断劳动时,由国家和社会及时给予生活保障和物质帮助的一项社会保险制度。需要说明的是,2019 年 3 月,国务院办公厅发布《关于全面推进生育保险和职工基本医疗保险合并实施的意见》,将生育保险与医疗保险合并实施,但生育保险作为一个险种,仍独立存在。

2.住房保障

(1)住房公积金制度,是指国家机关和事业单位、国有企业、城镇集体企业、外商投资企业、城镇私营企业及其他城镇企业和事业单位、民办非企业单位、社会团体及其在职职工,对等缴存长期住房储蓄的一种制度。住房公积金一般可用于购房、装修,如发生特殊情况,还可以提取公积金救急。

(2)经济适用住房制度,是指政府给予政策优惠,限定建设标准、供应对象和销售价格,提供具有保障性质的政策性商品住房的制度。

(3)廉租住房制度,是针对住房困难的城镇最低收入家庭实施的一种社会救助,是中国住房保障体系的重要组成部分。享受廉租住房保障的对象,需要具备两个基本条件:一是符合城镇最低收入标准;二是住房困难。另外,申请者的家庭成员中至少有 1 人为当地非农业常住户口。

3.社会福利

社会福利是国家或社会在法律和政策范围内,在居民住宅、公共卫生、环保、基础教育领域,向全体公民普遍提供资金帮助和优价服务的社会性制度,表现为国家及社会团体兴办的多种福利设施、提供的社会服务以及各项社会福利事业。社会福利包含:

(1)老年社会福利,是国家和社会为改善老年人物质生活和精神生活而提供的福利项目、设施和服务的总称。

(2)儿童社会福利,是由国家和社会福利机构向特殊儿童群体——残疾儿童、孤儿、弃婴、流浪儿童等提供的一种福利服务。

(3)残疾人社会福利,是指国家和社会在保障残疾人基本物质生活需要的基础上,为残疾人在生活、工作、教育、医疗和康复等各方面提供的设施、条件和服务。

**4．社会救助**

社会救助是指国家通过财政拨款，以保障生活确有困难的贫困者最低限度的生活需要的制度。社会救助的主要特点有：第一，全部费用由政府从财政资金中拨付，接受者不需要缴纳任何费用；第二，受保人享受社会救助待遇需要接受一定形式的经济状况调查，国家向符合救助条件的个人或家庭提供救助。

我国的社会救助主要包括：对无依无靠的绝对贫困者提供基本保障；对生活水平低于国家最低标准的家庭和个人的基本生活提供保障；对因天灾而陷于绝境的家庭和个人提供最低生活保障。

**5．社会优抚**

社会优抚是指对革命军人及其家属提供的社会保障，主要包括：对现役军人的安置；对现役军人及其家属的优待；对烈属和残废军人的抚恤；对退役军人的生活保障等。

**6．农村社会保障**

农村社会保障主要有三种类型：

（1）农村社会养老保险制度，是由个人、集体、政府多方筹资，将符合条件的农村居民纳入参保范围，使其在达到规定年龄时可以领取养老金，以保障年老时的基本生活的，一种带有社会福利性质的社会保障制度。

（2）新型农村合作医疗制度，简称"新农合"，是指由政府组织、引导、支持，农民自愿参加，由个人、集体和政府多方筹资，以大病统筹为主的农民医疗互助共济制度。

（3）农村社会救助，指国家和集体对农村中生活困难的贫困人员采取物质帮助、扶持生产等多种形式以保障其基本生活的一种社会救助制度。救助对象主要是无法定扶养义务人、无劳动能力又无生活来源的老年人、残疾人、未成年人和因病、灾、缺少劳动能力等造成生活困难的贫困人员。

## 三、劳动权益保障法律规范

### （一）就业促进法律制度

就业是劳动得以实现的基础,被视为民生之本,因此,可以说促进就业就是安国之策。我国就业促进制度的主要法律依据是《中华人民共和国劳动法》及《中华人民共和国就业促进法》中的相关规定。

就业促进法律制度的宗旨是促进就业,促进经济发展与扩大就业相协调,促进社会和谐稳定。国家把扩大就业放在经济社会发展的突出位置,实施积极的就业政策,坚持劳动者自主择业、市场调节就业、政府促进就业的方针,多渠道扩大就业。劳动者依法享有平等就业和自主择业的权利。劳动者就业,不因民族、种族、性别、宗教信仰等不同而受歧视。国家倡导劳动者树立正确的择业观念,提高就业能力和创业能力;鼓励劳动者自主创业、自谋职业。用人单位依法享有自主用人的权利。工会、共产主义青年团、妇女联合会、残疾人联合会以及其他社会组织,协助人民政府开展促进就业工作,依法维护劳动者的劳动权利。

### （二）劳动基准法律制度

劳动基准法是有关劳动报酬、劳动条件最低标准的法律规范的总称,是对劳动者最基本的劳动报酬、劳动条件等的保障。我国的劳动基准法包括《中华人民共和国劳动法》第四至七章涉及的工作时间和休息休假、工资、劳动安全卫生、女职工和未成年工特殊保护等内容。除《劳动法》外,我国还颁布了《职业病防治法》《安全生产法》《国务院关于职工工作时间的规定》《国务院关于修订〈国务院关于职工工作时间的规定〉的决定》《职工带薪年休假条例》《工资支付暂行规定》《最低工资规定》《女职工劳动保护特别规定》《未成年工特殊保护规定》等一系列法律法规,对劳动时长、工资等基本问题进行规定。

### （三）劳动合同法律制度

劳动合同制度是关于劳动的基本法律制度,是劳动法律制度的重要组成部分。我国劳动合同制度从产生、发展到逐步健全的历程,也是我国劳动力市场化实践逐步取得成效的过程。从 20 世纪 80 年代起,以劳动合同形式建立劳动关系的实践已经开始,并且该实践过程始终与国家经济体制改革的脉络相一致,在曲折中不断前进,并最终形成了符合国情的劳动合同制度。现行的《中华人民共和国劳动合同法》于 2008 年 1 月 1 日开始实施,是在《中华人民共和国劳动法》的基础上对劳动合同问题进行的体系化梳理与规范,也是在实践中处理劳动合同问题的主要依据。

### (四)劳动争议处理法律制度

我国劳动争议处理的主要法律依据有:《中华人民共和国劳动法》《中华人民共和国劳动合同法》《中华人民共和国劳动争议调解仲裁法》《中华人民共和国民事诉讼法》《劳动人事争议仲裁组织规则》等。其中《中华人民共和国劳动法》《中华人民共和国劳动合同法》是主要的实体法依据,其内容也是解决实体问题的标准;而《中华人民共和国劳动争议调解仲裁法》《中华人民共和国民事诉讼法》等是程序法依据,为不同劳动争议处理的具体方式和步骤提供依据,保障各程序顺利进行。

劳动争议是指劳动者与用人单位之间因劳动关系中的权利义务而产生的争议,是一种法律争议。劳动争议主要包括以下几类:① 因确认劳动关系发生的争议;② 因订立、履行、变更、解除和终止劳动合同发生的争议;③ 因除名、辞退和辞职、离职发生的争议;④ 因工作时间、休息休假、社会保险、福利、培训以及劳动保护发生的争议;⑤ 因劳动报酬、工伤医疗费、经济补偿或者赔偿金等发生的争议;⑥ 法律、法规规定的其他劳动争议。

发生劳动争议时,劳动者可以与用人单位协商,也可以请工会或者第三方共同与用人单位协商,达成和解协议。当事人不愿协商、协商不成或达成和解协议后不履行的,可以向调解组织申请调解;不愿调解、调解不成或达成调解协议后不履行的,可以向劳动争议仲裁委员会申请仲裁;对仲裁裁决不服的,可以向人民法院提起诉讼。也就是说,解决劳动争议主要有协商、调解、仲裁、诉讼四种方式。

## 四、劳动权益受损处置途径

### （一）协商

协商指争议双方在没有第三方介入的情况下，直接进行接触和交流、自行解决争议的一种劳动争议解决方式。

劳动争议双方当事人协商解决争议，可以是在采取其他解决方式之前，也就是第三方介入之前，也可以是在采取其他解决方式之后，也就是在调解、仲裁、诉讼的过程中，双方当事人仍然可以进行协商，从而解决争议。劳动争议的协商解决必须符合法律的规定，不得损害国家、集体或他人的合法权益。

### （二）调解

劳动争议发生后，争议的双方在调解组织的调解下达成协议，从而解决争议的一种方式。

当事人可以向本用人单位所在地的劳动争议调解委员会申请调解。调解程序是自愿的，只有双方当事人都同意申请调解，调解委员会才能受理该案件；当事人可不经过调解而直接申请仲裁。另外，工会与用人单位因履行集体合同发生争议时，不适用调解程序，当事人应直接申请仲裁。

### （三）仲裁

劳动争议发生后，争议的双方可以通过劳动仲裁机构进行仲裁，从而解决劳动争议。

若经过调解双方达不成协议，当事人一方或双方可向当地劳动争议仲裁委员会申请仲裁。因签订集体合同发生的争议，目前是由劳动部门会同有关方面进行协调处理，不适用仲裁程序。除了这种争议外，其他争议只要有一方当事人申请仲裁，且符合受案条件，仲裁委员会即予受理；当事人如果要起诉到法院，必须先经过仲裁程序，未经过仲裁程序的劳动争议案件，人民法院将不予受理。

## （四）诉讼

当事人如果对仲裁裁决不服，可以向当地基层人民法院起诉。目前法院是由民事审判庭依民事诉讼程序对劳动争议案件进行审理，实行两审终审制。也就是说当事人若不服一审判决，仍可向上级法院上诉。法院审判程序是劳动争议处理的最终程序。

# 第三节　大学生就业权益保障

## 一、大学生就业权益概述

### （一）就业权益的概念

就业权益是指劳动者在就业过程中所拥有的权力和所应该获得的利益。就业权益是一种合法权益，劳动者在国家法律允许的范围内所实现的就业及其权益受法律保护。

就业权益可以分为就业之前的权益和就业之后的权益。

#### 1. 就业之前的权益

（1）接受劳动就业训练的权益。劳动者在就业之前，为提高自己的劳动技能，增强就业能力，有权选择并接受相关职业技能的培训，这是我国宪法赋予公民的权益。

1994年颁布的《就业训练规定》明确规定，应对初次就业的求职者、失业者、下岗职工、向非农业转移的农村劳动者提供就业训练，并应对长期失业者、妇女、残疾人、少数民族人员、复员转业军人等特殊群体提供专门的就业训练。就业训练可以由政府劳动部门举办，也可以由其他部门举办。

《中华人民共和国就业促进法》规定，政府主管部门对有就业要求的初高中毕业生、失业人员、进城务工的农村劳动者、从事特殊工种的劳动者实行职业教育和就业训练，以培养和增强他们的职业技能、就业能力和创业能力。

（2）公平地获取就业信息的权益。劳动者应该能够通过合法、公开的渠道获得充分的就业信息,就业信息的发布要符合法律所作出的规定。《中华人民共和国劳动合同法》规定:"用人单位招用劳动者时,应当如实告知劳动者工作内容、工作条件、工作地点、职业危害、安全生产状况、劳动报酬,以及劳动者要求了解的其他情况;用人单位有权了解劳动者与劳动合同直接相关的基本情况,劳动者应当如实说明。"

大学毕业生作为求职者同样拥有公平地获取就业信息的权益。这里面包含两层意思:一方面是就业信息的发布,无论是用人单位直接发布,还是通过学校就业部门发布,都应该面向全体求职学生,做到公开透明;另一方面是,所发布的就业信息应该包括劳动者需要了解的相关情况,不能有所遗漏,更不能掩盖真实情况。

（3）自主决定就业的权益。劳动者应该能够根据个人的职业倾向自主进行职业选择,包括就业行业、就业单位、就业岗位、就业形式的选择。大学毕业生一定要有这样的认识:政府及有关机构制定的就业支持性政策和导向性政策,以及学校和有关机构提供的就业指导和咨询,乃至家长的意见,都不能替代自己的选择,任何机构和个人都不能强制其做出某种选择。但大学生也应当广泛听取各方的意见和建议。事实上,往往只有认真听取了别人的意见和建议,才能做出更好的选择。

（4）自由和平等地选择职业的权益。这是指在就业或不就业、何时就业、采取何种形式就业等问题上,在符合国家法律规定且不妨碍他人利益的前提下,劳动者拥有自由平等择业的权利。劳动者就业权益的实现不因民族、种族、性别、宗教信仰等不同而受到歧视。

（5）接受就业援助的权益。《中华人民共和国就业促进法》规定,各级人民政府建立健全就业援助制度,采取税费减免、贷款贴息、社会保险补贴、岗位补贴等办法,通过公益性岗位安置等途径,对就业困难人员实行优先扶持和重点帮助。

大学生群体中有少部分人受家庭经济状况、身体状况等因素影响而导致就业困难。对此,各级政府教育主管部门特别强调各高校要加强对困难学生的就业指导和就业服务,高校也出台了有针对性的扶助措施,如优先推荐、重点推荐、反复推荐等,努力帮助他们落实就业。

2. 就业之后的权益

劳动者就业之后的权益主要是指劳动者在从业过程中所具有的权益,主要包括:

(1) 人身安全方面的权益。劳动者在从业过程中或劳动过程中,人身安全应该得到保障。《中华人民共和国劳动合同法》规定,劳动者拒绝用人单位管理人员违章指挥、强令冒险作业的,不视为违反劳动合同;用人单位没有按照劳动合同约定提供劳动保护或者劳动条件的,用人单位以暴力、威胁或者非法限制人身自由的手段强迫劳动者劳动的,劳动者可以立即解除劳动合同,不需事先告知用人单位。

另外,劳动者拥有休息和休假的权利,这对于恢复劳动能力、维护身心健康是必要的。

(2) 劳动报酬方面的权益。劳动者有权要求获得合法的、正当的劳动报酬,包括工资和福利待遇等。劳动者如果遇到这方面的侵害,可以采取相应的自我保护和要求补偿的措施。《中华人民共和国劳动合同法》对于劳动报酬、同工同酬、节假日加班报酬、试用期报酬等都作出了相关规定,以帮助劳动者维护自身的权益。该法还规定,用人单位未能及时足额支付劳动报酬的,没有按照法律规定为劳动者缴纳社会保险的,劳动者可以解除劳动合同,用人单位应当向劳动者支付经济补偿。

(3) 职业安全方面的权益。劳动者职业安全方面的权益是指劳动者合法的、正当的、正常的职业活动应当具有连续性和稳定性,不受外力的干扰而中断。也就是劳动者不应当无故被停止自己的从业过程或劳动过程,不应无故地被终止就业。

(4) 其他权益。国家以法律法规形式对我国公民实行基本权益保护和保障,其中很大一部分与就业有关,有些发挥作用于就业之前,有些发挥作用于就业之后,大多体现在就业过程中。这些法律法规主要有：养老保险制度、失业保险制度、医疗保险制度、工伤保险制度、生育保险制度、住房公积金制度等。

### （二）大学生就业权益的内容

《中华人民共和国劳动法》规定："劳动者享有平等就业和选择职业的权利、取得劳动报酬的权利、休息休假的权利、获得劳动安全卫生保护的权利、接受职业技能培训的权利、享受社会保险和福利的权利、提请劳动争议处理等权利。"大学生作为就业的一个重要主体，其就业权益主要有：

（1）平等就业权。大学生在就业过程中应获得公平的就业环境和公正的对待，不因性别、信仰等因素而受到排斥或歧视。我国《中华人民共和国劳动法》规定，劳动者享有平等就业和选择职业的权利，劳动者就业不因民族、种族、性别、宗教信仰不同而受到歧视。维护大学生的平等就业权，能够让大学生在就业过程中获得同等的机会与资源，保证大学生的专业素养、工作能力成为就业竞争力中的核心因素。

（2）就业选择权。大学生在就业过程中可以对工作岗位进行自主选择，高校、用人单位等均不能对大学生的选择进行干涉。《中华人民共和国劳动法》第三条规定，劳动者享有选择职业的权利。因此，作为大学生，在就业市场上享有自主选择职业的权利，可以按照自己的兴趣、爱好和能力去选择自己喜欢和擅长的职业。家长、学校和用人单位，可以为初出校门、缺乏工作经验的大学生提供择业意向方面的建议、参考、推荐和引导，但不能强迫或限制其选择职业。当然，大学生就业选择权的实现需要以符合法律法规、就业政策为基本前提。

（3）就业信息知情权。就业信息是大学生成功就业的前提和必要条件，只有掌握充分的就业招聘信息，才能结合实际情况选择适合自身发展的职业和用人单位。在就业过程中，大学生具有了解就业政策，区域经济发展状况，用人单位的工作环境、福利待遇、工资水平、发展前景、岗位要求等信息的权利，这些信息对于大学生择业就业有重要的影响。为此，政府部门、用人单位等不仅需要做到信息公开，而且应该确保学生能够及时、全面地了解与自身就业相关的信息。

（4）接受就业指导权。我国《高等教育法》规定,高等学校应当为毕业生、结业生提供就业指导和服务。学校应成立专门机构,安排专门人员对毕业生进行指导,包括：① 向毕业生宣传国家的有关就业方针、政策；② 宣传毕业生就业的有关原则、规定和程序；③ 对毕业生进行择业技巧的指导,引导毕业生根据国家和社会需要,结合个人实际情况进行择业。在就业过程中,大学生具有通过高校获得就业指导服务的权利。当然,大学生也可以选择接受正规社会机构所提供的就业指导服务,这些就业指导服务对于大学生的择业就业也具有重要意义。

（5）获得就业推荐权。高校在就业工作中的一个重要职责就是向用人单位推荐毕业生。在大学生就业过程中,高校有义务向用人单位推荐大学生,而大学生也具有获得推荐的权利。高校推荐经常会在较大程度上影响用人单位对大学生的录用。就业推荐工作直接影响用人单位对大学生的印象和态度。因此,高校需要做到如实推荐、公平推荐与择优推荐。

（6）就业签约权。在就业过程中,大学生享有与高校、用人单位签订就业协议以及与用人单位签订劳动合同的权益,这是明确各方权责、维护大学生就业权益的重要保障。

（7）违约求偿权。大学生的就业协议一经签订,大学生、用人单位、高校任何一方不得擅自违约,如有违约必须承担相应责任。任何一方提出变更或解除协议,均须得到另外两方的同意,应承担相应的违约责任并提供赔偿。

（8）隐私保护权。在大学生就业过程中,用人单位需要了解大学生的部分信息,但是这些信息只能够用于招聘。如果没有经过大学生同意而泄露或滥用其信息,用人单位则侵害了大学生隐私保护权。

## 二、大学生就业的政策支持

我国大学生就业政策包括市场规制政策、就业准入政策、招考录用政策、权利维护政策、宏观调控政策、创业扶持政策、社会保障政策、派遣接收政策、指导服务政策等。

**(一)鼓励高校毕业生到基层、到中西部地区就业的政策支持**

(1)对到农村基层和城市社区公益性岗位就业的毕业生,给予社会保险补贴和公益性岗位补贴;对到农村基层和城市社区其他社会管理和公共服务岗位就业的,给予薪酬或生活补贴。

(2)对到中西部地区和艰苦边远地区县以下农村基层单位就业并履行一定服务期限的毕业生,由政府补偿学费,代偿助学贷款。

(3)对有基层工作经历的毕业生,在研究生招录和事业单位选聘时优先录取。

(4)对参加"选聘高校毕业生到村任职""三支一扶""大学生志愿服务西部计划""农村义务教育阶段学校教师特设岗位计划"等项目的毕业生,给予生活补贴,按规定参加社会保险;项目服务期满并考核合格的,报考硕士研究生初试总分加 10 分,高职(高专)学生可免试入读成人本科。

**(二)鼓励高校毕业生应征入伍服义务兵役的政策支持**

(1)由政府补偿学费,代偿助学贷款。

(2)在选取士官、考军校、安排到技术岗位工作等方面优先录取。

(3)退役后参加政法院校为基层公检法定向岗位招生考试时,优先录取。

(4)具有高职(高专)学历的,退役后免试入读成人本科;或经过一定考核,入读普通本科。

(5)退役后报考硕士研究生初试总分加 10 分;荣立二等功及以上的,退役后免试推荐入读硕士研究生。

**(三)积极聘用优秀高校毕业生参与国家和地方重大科研项目方面的政策支持**

高校毕业生在参与项目研究期间,享受劳务性报酬和有关社会保险补助,户口、档案可存放在项目单位所在地或入学前家庭所在地人才交流中心。聘用期满,根据需要可以续聘或到其他岗位就业,就业后工龄与参与项目研究期间的工作时间合并计算,社会保险缴费年限连续计算。

**（四）鼓励和支持高校毕业生到中小企业就业和自主创业方面的政策支持**

（1）对企业招用非本地户籍的普通高校专科以上毕业生,各地城市应取消落户限制(直辖市按有关规定执行)。

（2）为到中小企业就业的高校毕业生提供档案管理、人事代理、社会保险办理和接续等方面的服务。

（3）从事个体经营符合条件的毕业生,免收行政事业性费用并享受国家相关扶持政策。

（4）登记失业并自主创业的毕业生,如自筹资金不足,可申请5万元小额担保贷款;对合伙经营和组织起来就业的,可按规定适当提高贷款额度。

（5）参加创业培训的毕业生,按规定给予职业培训补贴。

（6）灵活就业并符合规定的毕业生,可享受社会保险补贴政策。

**（五）强化对困难家庭高校毕业生就业援助的政策支持**

（1）就业困难和零就业家庭的高校毕业生,享受公益性岗位安置、社会保险补贴、公益性岗位补贴等就业援助政策。

（2）机关、事业单位免收招聘报名费和体检费。

（3）高校可根据实际情况给予适当的求职补贴。

（4）对离校后未就业回到原籍的高校毕业生,由当地公共就业服务机构免费提供就业服务并组织就业见习和职业技能培训。

## 三、大学生就业权益维护

### （一）提升大学生的法律素养

大学生就业权益受到侵害,主要有两方面原因:一方面,在激烈的人才竞争中,大学生面临着较大的压力,这让大学生成为就业过程中的弱势群体；另一方面，大学生对自身就业权益以及维权路径缺乏了解，导致他们不仅缺乏维权意识，而且也缺乏维权能力。因此，引导大学生提升自身法律素养，对于大学生就业权益的维护具有重要意义。大学生应当主动了解与自身就业相关的法律法规、方针政策，明确自身在就业过程中所享有的权益以及相应的维权路径，而高校则有必要在大学生就业之前开展专门的就业权益维护课程，从而有效提升大学生自主维护自身权益的能力。与此同时，高校应该建立专门的维权服务机构，设置专项基金为大学生就业权益维护提供保障。在此基础上，大学生就业权益维护部门可以开展就业权益维护指导、个案咨询以及维权实践等工作，为大学生择业就业提供保障。

### （二）强化对用人单位招聘行为的监督

在大学生就业过程中，用人单位的违规行为是导致其就业权益遭到侵害的重要原因之一。为此，强化对用人单位的监督与指导，推动用人单位招聘理念、招聘流程的规范化发展，对于维护大学生的就业权益具有重要意义。一方面，政府部门需要发挥自身的监督指导作用，如主动查阅各大招聘平台中的招聘信息，了解各大招聘平台中的招聘条件，从而考察企业是否在人才招聘过程中存在歧视、违规收取押金以及泄露大学生信息等情况。与此同时，政府部门应依托互联网、新媒体等平台，与大学生群体开展广泛互动，收集与整理大学生就业的反馈信息，进而为相关法律法规的制定、执行提供依据。另一方面，高校与新闻媒体也有必要强化对用人单位招聘行为的监督，例如，新闻媒体对大学生就业权益的维护工作给予高度关注，对大学生就业权益被侵害的现象进行报道，通过挖掘具有代表性的案件，对大学生就业权益维护的现状作出深度报道，从而引起社会的广泛关注以及用人单位的反思与改进。

### （三）完善大学生就业法律法规

第一，国家应当将大学生就业权益维护工作纳入法律法规保障范畴，在明确大学生就业过程中各方责任的基础上，指导高校、用人单位共建公平公正的就业环境，进而为大学生就业权益的维护提供可靠的法律法规依据。第二,贯彻好《中华人民共和国劳动合同法》。这要求执法部门能够对高校、用人单位等进行全面、严格的监督,确保高校、用人单位能够按照《中华人民共和国劳动合同法》的规定,提升大学生招聘工作的公平性与透明度,杜绝出现使用就业协议替代劳动合同,违规向大学生收取押金等现象。大学生群体也应该充分了解《中华人民共和国劳动合同法》,对自身的就业权益进行正当维护。第三,有关部门有必要对劳动争议解决机制进行完善。在这个方面,工会组织需要发挥其作用,通过监督用人单位行为、开展争议调解等工作,确保大学生就业权益得到保障。另外,维权周期过长会影响大学生利用法律法规以及争议解决机制维护自身就业权益,因此,精简劳动争议解决机制程序,提升劳动争议解决机制效率,也是构建与完善劳动争议解决机制的重要一环。

# 课 后 思 考

1. 劳动关系主体包括哪些?简述它们之间的关系。

2. 劳动权益受损的处理途径有哪些?简述它们之间的关系。

3. 大学生就业过程中权益受损的类型有哪些?解决的途径有哪些?

4. 案例分析一。

案例简述:

邓某于2014年2月进入某公司。2016年7月因个人原因,邓某辞职离开公司。2017年11月初,公司由于业务发展的需要重新聘请邓某负责一个并购项目。双方约定由公司先一次性支付邓某年薪 25 万元,邓某对外职务为公关总监,其任职期间,只需要直接向公司总裁及副总裁等人汇报工作即可。她在公司内有自己的工作场所,但很少在公司办公。公司不负责其社会保险费的缴纳,也不对其进行考勤管理。双方没有签订书面合同。2017 年 12 月中旬,公司通过个人账号一次性汇给邓某 25 万元。

2019 年 4 月,公司人事部门发邮件通知邓某:由邓某负责的并购项目已经完成,原定期限一年的咨询顾问服务经延长后也相应终止,公司另外一次性支付邓某延长的半年服务费 12.5 万元。期间公司两次支付其报酬并报销过相关费用,她代表公司签订了一份涉及企业样本的合同。邓某认为自己和公司之间属于劳动关系,要终止服务也应双方协商一致解决,公司不能说终止就终止,于是向公司所在地提出仲裁申请:要求恢复劳动关系并签订无固定期限合同,要求公司支付自 2018 年 2 月起至恢复劳动关系之日止的 2 倍工资。

案例争议:

邓某的主张:为公司提供劳动,公司支付报酬,她与公司之间存在劳动关系,受到劳动法律的保护,公司不能单方面终止服务。

公司的主张:

(1)虽然邓某曾在公司工作过,但后因个人原因提出辞职,此后未曾到公司任职。

(2)2017 年 12 月的项目薪酬是通过个人账户汇给邓某的 25 万。

(3)公司与邓某之间是委托合同关系而不是劳动关系,不存在恢复劳动关系以及 2 倍工资差额的问题。

案例解析:

(一)事实劳动关系成立的判断

(1)用人单位和劳动者符合法律规范规定的主体资格。

（2）用人单位依法制定的规章制度适用于劳动者，劳动者受到用人单位的管理。

（3）劳动者从事用人单位安排的有报酬的劳动。

（4）劳动者提供的劳动是用人单位业务的组成部分。

（5）劳动者与用人单位之间存在劳动与支付劳动报酬的关系。

（6）劳动者与用人单位之间存在接受管理和实施劳动管理的权利义务关系。

（7）劳动者提供工资支付凭证或者记录、缴纳各项社会保险费的记录、工作证、服务证等能证明身份的文件，如证件、登记表、报名表等招用记录、考勤记录、证人证言等证据来证明自己与用人单位的关系。

（二）结合本案，邓某和公司之间的关系无法证明是劳动关系的原因

（1）支付报酬或者报销相关费用不是唯一确认劳动关系的标准。民事主体之间也存在同样的付出劳动、获得劳动报酬的以劳动力为对价的关系。

（2）用人单位向劳动者支付的劳动报酬是以资本形式购买劳动力的支配权和使用权，通过对劳动者付出劳动的多寡、优劣、能力的考核以及劳动者在工作中遵守企业规章制度的情况，确定每月应向劳动者支付的工资金额。

（3）本案中，邓某提前一年或之后半年领取报酬的方式，无须参加工作考核等情况，仅依据双方之间的约定酬金，在一定期限内给付，不属于劳动关系中薪酬的特征。

（4）邓某代表公司签订合同，不足以证明其在公司的管理下付出劳动的事实。

（5）邓某在公司有办公场所，但其大部分时间不在公司办公，

且公司不对其进行考勤,无法证明其与公司是管理与被管理关系。

5. 案例分析二。

案例简述:

2008 年 7 月,汪某从某大学毕业后就职于一家北京的网络公司做软件开发工作,他是来自天津的一名大学生,经批准并经学校派遣留北京工作。2008 年 3 月,汪某与网络公司及学校三方签订了《全国普通高等学校毕业生就业协议书》(三方协议),协议约定汪某在规定时间内到用人单位报到,用人单位做好接收工作,学校将其列入建议就业计划并负责办理派遣手续。同时,协议约定第一年为见习期,工作期三年,未按规定完成服务期的,每相差一年支付一万元违约金,不满一年按一年计算,双方权利义务从签订劳动合同后开始生效。2008 年 7 月 10 日,公司与汪某签了劳动合同,期限四年并规定了三个月的试用期,不久汪某发现公司在管理和经营方面都不理想,认为自己不适合在该公司上班,于是在2008 年 8 月中旬,根据相关规定向公司提出了解除劳动合同的诉求。然而,公司扣押了他的档案,不予办理解除劳动关系的手续,并要求汪某支付 4 万元违约金。

案例分析:

公司的做法不合法。理由如下:

首先,不管三方协议是如何约定的,汪某与单位签署劳动合同之后,三方协议就已经履行完毕。之后,汪某与单位的关系按照劳动合同的约定履行。因此,三方协议中关于服务期限、违约金等约定,只适用于三方协议。对此,三方协议也有规定"双方权利义务以报到后签订的劳动合同为准",因此双方的权利义务应按劳动合同执行。

其次,关于劳动合同中约定的违约金。按照《中华人民共和国劳动合同法》的规定,只有以下两种情况,用人单位才可以和劳动者约定违约金：

（1）因用人单位为劳动者提供专项培训费用而约定服务期，劳动者违反服务期约定。

（2）劳动者违反竞业限制约定。

其余的情况，用人单位和劳动者约定违约金均不具备法律效应。

最后，关于档案。用人单位无权扣留劳动者的档案。否则，劳动者可以向劳动行政部门申诉。

# 第七章 劳模精神、工匠精神与科学家精神

**【学习目标】**

1. 了解劳模精神、工匠精神和科学家精神的内涵；

2. 了解如何弘扬新时代劳模精神、工匠精神和科学家精神；

3. 学习典型人物精神事迹。

**【章节导读】**

劳动模范和"大国工匠"，是民族的精英、人民的楷模、时代的先锋。习近平总书记在党的十九大报告中明确提出"建设知识型、技能型、创新型劳动者大军，弘扬劳模精神和工匠精神，营造劳动光荣的社会风尚和精益求精的敬业风气"。本章深刻阐释了新时代劳模精神、工匠精神和科学家精神，引导当代大学生认真领会劳模精神、工匠精神和科学家精神的内涵，内化于心、外化于行，以劳动模范和"大国工匠"为榜样，投身社会主义建设。

# 第一节  弘扬新时代劳模精神、劳动精神、工匠精神

## 一、弘扬劳模精神、劳动精神、工匠精神的时代背景

党的十九大报告指出,党的十八大以来的五年,是党和国家发展进程中极不平凡的五年。面对世界经济复苏乏力、局部冲突动荡频发、全球性问题加剧的外部环境,面对我国经济发展进入新常态等一系列的深刻变化,我国坚持稳中求进的工作总基调,开拓进取,迎难而上,取得了改革开放以来社会主义现代化建设的历史性成就,但我们仍面临不少困难和挑战,必须着力解决。

### (一) 弘扬劳模精神、劳动精神、工匠精神是实现中华民族伟大复兴中国梦的需要

习近平总书记在党的十九大报告中指出,建设知识型、技能型、创新型的劳动者大军,弘扬劳模精神和工匠精神,营造劳动光荣的社会风尚和精益求精的敬业风气。

劳动模范是民族的精英、人民的楷模、时代的先锋。在我国社会主义革命和社会主义建设的征程中,涌现出了一大批劳动模范,他们在平凡的劳动中创造了不平凡的业绩,铸就了"爱岗敬业、争创一流、艰苦奋斗、勇于创新、淡泊名利、甘于奉献"的劳模精神,丰富了民族精神和时代精神的内涵,成为中华民族极为宝贵的精神财富。全国各族人民都要向劳模学习,以劳模为榜样,发挥只争朝夕的奋斗精神,共同投身到实现中华民族伟大复兴的宏伟事业中。

我们要建设现代化经济体系,必须把发展经济的着力点放在实体经济上,加快发展先进制造业,促进我国产业迈向全球价值链中高端,培育若干世界级先进制造业集群。从制造业大国变成制造业强国,我们需要积极构建产业工人技能培养体系,加大对产业工人品质和技能

的培养,完善劳动经济权益保障机制,同时建立以企业为主体、市场为导向、产学研深度融合的技术创新体系,培养出更多高技能人才,共同为促进装备制造业的发展贡献力量。

推进企业技术创新更需要弘扬工匠精神。没有精益求精、追求完美的工匠精神,就不可能在工作上有所突破,推陈出新。在任何时代,严谨执着、精益求精、追求极致的工匠精神都不会过时。无论是产业工人还是其他劳动者,都应该不断锤炼技艺、提升技能,继承和发扬工匠精神,每个环节都要做到一丝不苟。

空谈误国,实干兴邦。幸福不会从天降,梦想不会自动成真。弘扬劳模精神和工匠精神,不能是嘴上喊的口号、墙上贴的标语,必须要贯彻到实际行动中,落实到各项工作中。

**(二)弘扬劳模精神、劳动精神、工匠精神是增强文化自信的需要**

劳模精神和工匠精神是一种文明和文化,是强国富民的动力所在。建设社会主义现代化强国、实现中华民族伟大复兴的中国梦,离不开劳模和工匠。弘扬劳模精神和工匠精神能够加快全社会凝神聚力共圆中国梦的进程。

大力弘扬劳模精神、工匠精神,就是要树立旗帜,增强文化自信。唯有精神上站得住、站得稳,一个民族才能在历史洪流中屹立不倒、挺立潮头。在我国社会主义革命、建设、改革的各个历史时期,涌现出了大批劳动模范、大国工匠,他们以高度的主人翁意识、卓越的劳动创造、忘我的拼搏奉献,谱写出一曲曲可歌可泣的动人赞歌,极大地丰富了民族精神、时代精神和中华文化的内涵,为全国各族人民树立了光辉的学习榜样。

劳模精神与工匠精神是中国特色社会主义文化的重要组成部分,贯穿于建设中国特色社会主义文化的全过程,植根于中华民族劳动过程特别是中国特色社会主义伟大实践中,充分继承并发展了中华优秀传统文化和社会主义先进文化。弘扬和践行劳模精神与工匠精神,有助于坚定文化自信,推动社会主义文化繁荣兴盛,有助于培育和践行社会主义核心价值观,有助于加强思想道德建设,有助于促进中国特色社会主义文化繁荣发展。

**（三）弘扬劳模精神、劳动精神、工匠精神是提升我国劳动者整体素质的需要**

劳模精神和工匠精神是社会主义核心价值观的重要组成部分，是工人阶级伟大品格的集中体现，是中华民族精神的生动诠释。全社会应该尊重劳动模范，弘扬劳模精神、工匠精神，让诚实劳动、勤勉工作蔚然成风。

近年来，中国制造在全球制造业产出中占比大幅上升，离不开产业工人卓越的贡献，是他们用双手创造了中国经济的奇迹。这奇迹的背后体现出的是"爱岗敬业、争创一流、艰苦奋斗、勇于创新、淡泊名利、甘于奉献"的劳模精神和"爱岗敬业、精益求精、协作共进、追求卓越"的工匠精神。

党的十九大报告提出，要推动经济发展质量变革、效率变革、动力变革，提高全要素生产率，不断增强我国经济创新力和竞争力。这要求我们要全面提高劳动者的科学素质与技能水平，"建设知识型、技能型、创新型劳动者大军"，整体提升适应新时代发展需要的生产力。当前，我国部分劳动者的科学素质和技能水平仍不能完全适应市场需求，创新意识和能力仍显不足，劳动者的职业素质和技能水平与综合测试的发展需求仍不相适应，这与我国社会主义现代化建设的要求还有较大差距。

实践证明，从制造业大国向制造业强国迈进，仍然需要从启迪精神内核入手，释放劳模精神、工匠精神的巨大能量，在全社会形成尊重劳动者、崇尚创业创新、追求极致、敬业报国的价值导向，才能最大限度地激发蕴藏在人民群众之中的创造伟力，提高劳动者的整体素质。

## 二、新时代大学生应当如何弘扬劳模精神、劳动精神、工匠精神

青年兴则国家兴，青年强则国家强。青年一代有理想、有本领、有

担当,国家就有前途,民族就有希望。

习近平总书记强调,劳模精神、劳动精神、工匠精神是以爱国主义为核心的民族精神和以改革创新为核心的时代精神的生动体现,是鼓舞全党全国各族人民风雨无阻、勇敢前进的强大精神动力。

**（一）学理论学精神,用模范人物的崇高精神和高尚品格鞭策自己**

新时代大学生要加强政治理论学习,自觉用习近平新时代中国特色社会主义思想武装头脑,做坚定信仰者、忠实实践者,加强科学理论武装,筑牢信仰基石,站稳政治立场。发扬工人阶级的优良传统和作风,坚持团结协作、互助友爱,齐心协力战胜各种困难。坚持实干为先、奋斗为要,在推动发展中体现个人价值。学会正确处理个人和集体、当前和长远、局部和整体的利益关系,积极参与精神文明创建工作,带头维护和谐稳定的良好局面。

站在实现"两个一百年"奋斗目标的历史交汇点上,党的十九届五中全会擘画了我国未来发展的宏伟蓝图。越是美好的未来,越需要我们付出艰辛努力,越需要大力弘扬劳模精神、劳动精神、工匠精神。新形势下,大学生要继续学习先进、赶超先进,用模范人物的崇高精神和高尚品格鞭策自己,自觉践行社会主义核心价值观,焕发劳动热情,厚植工匠文化,恪守职业道德,让辛勤劳动、诚实劳动、创造性劳动变成自发自觉的行为。

**（二）讲好劳模故事、劳动故事、工匠故事,唱响"中国梦·劳动美"的主旋律**

社会要加大对劳动模范和"大国工匠"的宣传力度,引导新时代大学生崇尚劳动,发挥先进典型引领作用,尊重劳模、关爱劳模,讲好劳模故事、讲好劳动故事、讲好工匠故事,弘扬劳动最光荣、劳动最崇高、劳动最伟大、劳动最美丽的社会风尚,开展以"劳动创造幸福"为主题的宣传教育。新时代大学生要积极参与劳动教育实践活动,树立以辛勤劳动为荣、以好逸恶劳为耻的劳动观,做一名热爱劳动、勤于劳动、善于劳动的高素质劳动者。

（三）提升专业素养，焕发劳动热情，释放创造潜能，为争做优秀的劳动者奠定良好基础

新时代大学生要主动适应新形势对劳动者素质提出的新要求，掌握科学文化知识和专业技术知识，培育执着专注、精益求精、一丝不苟、追求卓越的职业素养，为未来的工作实践做好充分准备。当代大学生应该崇尚创新精神，瞄准数字经济、智能制造、战略性新兴产业、现代服务业等领域，潜心钻研、大胆创新。

新时代大学生要通过劳动实践体悟劳模精神、劳动精神、工匠精神，用苦干实干诠释劳模精神，让劳模精神、劳动精神、工匠精神不断发扬光大。只有这样，我们才能在未来的实际工作中攻坚克难、勇毅前行。

功崇惟志，业广惟勤。实现宏伟蓝图、完成既定任务，归根到底要靠劳动和创造。实现中国梦，创造全体人民更加美好的生活，任重而道远，需要我们每一个人继续付出辛勤劳动和艰苦努力。我们要以模范先进为榜样，大力弘扬劳模精神、劳动精神、工匠精神，爱岗敬业、勤奋工作，锐意进取、勇于创造，不断谱写新时代的劳动者之歌！

# 第二节　新时代劳模精神及其内涵

## 一、劳模

劳模是"劳动模范"的简称，是在社会主义建设事业中成绩卓著的劳动者，是经职工民主评选、有关部门审核和政府审批后被授予的荣誉称号。

劳模是时代的产物，不同时期有不同的内容。中国的劳模最早诞生于土地革命战争时期中央苏区的公营企业和劳动竞赛中。通过树立先进，激发了广大边区群众的劳动热情，涌现出了刘建章、申长林、赵占魁、黄立德、李位、刘玉厚、郭凤英、张振财、冯云鹏等一大批劳模典型。

这一时期的劳动模范主要包括劳动英雄和模范工作者两大类。新中国成立后,党和政府坚持沿用开展"劳模运动好"的经验做法,在社会主义劳动竞赛和生产运动中发现和推荐典型,大力开展劳模评选和表彰。改革开放以来,劳模评选范围更加广泛,构成更加多元。

中华传统文化一向推崇对劳动实践的认同、对劳动精神的传承、对劳动文化的传播。劳动模范是亿万劳动者的杰出代表,集中体现了广大劳动群众的优良品质。从"边区工人一面旗帜"的赵占魁、"兵工事业开拓者"吴运铎、"新劳动运动旗手"甄荣典等劳动模范,到"高炉卫士"孟泰、"铁人"王进喜、"两弹元勋"邓稼先等一大批先进模范,再到"蓝领专家"孔祥瑞、"新时代雷锋"徐虎、"马班邮路"王顺友等一大批劳动模范和先进工作者……在中国共产党团结带领人民进行革命、建设、改革的各个历史时期,劳动模范始终是我国工人阶级中一个闪光的群体,享有崇高声誉,备受人民尊敬。

劳动模范分为全国劳动模范与省、部委级劳动模范,有些市、县和大企业也评选劳动模范。中共中央、国务院授予的劳动模范为"全国劳动模范",是最高级别的劳动模范荣誉称号。与此同级的还有"全国先进生产者""全国先进工作者"称号。

## 二、新时代劳模精神的内涵

"社会主义是干出来的,新时代也是干出来的。""劳动模范是劳动群众的杰出代表,是最美的劳动者。劳动模范身上体现的'爱岗敬业、争创一流,艰苦奋斗、勇于创新,淡泊名利、甘于奉献'的劳模精神,是伟大时代精神的生动体现。"习近平总书记关于劳模精神的阐述,为我们科学理解和大力弘扬劳模精神提供了正确的方向和指导。

淡泊名利是不强求声名、不过度追求利益,是人生的一种境界。"守初心、担使命",踏踏实实、兢兢业业做好当下的事情,不好高骛远、不重名利得失。

甘于奉献是共产党人的崇高品格,坚持吃苦在前、享受在后。甘于奉献,要懂得感恩、善于担当。习近平总书记指出:"我们共产党人讲奉献,就要有一颗为党为人民矢志奋斗的心。"

党的十八大以来,习近平总书记在多个场合都表达过尊重劳动、关心劳动者的理念,让劳模精神、劳动精神、工匠精神深入人心。

劳模能在广大劳动者群体中脱颖而出的根本原因,是其在平凡岗位上做出不平凡的业绩时所坚持坚守的基本信念、价值追求、人生境界及其展现出的整体精神风貌,为广大劳动者指引了奋斗的目标和方向。

(1)爱岗敬业是忠于职守的事业精神,这是职业道德的基础。爱岗敬业是平凡的奉献精神,因为它是每个人都可以做到的,而且应该具备的;爱岗敬业又是伟大的奉献精神,因为伟大出自平凡,没有平凡的爱岗敬业,就没有伟大的奉献。

(2)争创一流是锲而不舍地追求更高的层次和境界,是对个人事业发展的极致追求,是对自己、对社会、对生活的一种态度。如果我们放任自己,得过且过,是对生命的不负责任,也是对国家和社会的不负责任。"古之成大事者,不唯有超世之才,亦有坚忍不拔之志。"

(3)艰苦奋斗是共产党人的优良传统和作风,是中国共产党团结和带领全国各族人民实现国家富强、民族振兴的强大精神力量。中国共产党在深刻总结历史发展规律的基础上,将继续保持艰苦奋斗精神的重要性提升到了国家富强、民族发展的重要高度,增强了全党、全社会对于发扬艰苦奋斗精神的重大现实意义和深远历史意义的认识。

(4)勇于创新是指要具备创新精神。创新精神是一个国家和民族发展的不竭动力,也是一个现代人应该具备的优良素质。与时俱进、勇于创新是中共中央在《公民道德建设实施纲要》中提出的时代精神的内容之一。人才是创新的第一资源和核心要素,是各行业高质量发展的重要支撑,也是时代变革的核心力量。

最是精神动人心。劳动模范是千千万万奋斗在各行各业的劳动群众中的杰出代表。他们在生产一线书写人生传奇,通过锐意创新体现劳动价值,于风险考验中彰显坚强意志。他们在平凡的岗位上创造了不平凡的业绩，以实际行动诠释了中国人民的伟大创造精神、伟大奋斗精神、伟大团结精神、伟大梦想精神。

# 第三节　新时代工匠精神及其内涵

## 一、工匠

"匠"的偏旁"匚"象征的是木工的工具箱，"斤"在古代指的是斧头，所以"匠"的本意是木工（《说文解字》："匠，木工也。"）。后来，"匠"逐渐成为具有专门手工技艺的人的代称——"夫匠者，手巧也"（《韩非子》），只要是手巧的手工艺人都被称为"匠"。

工匠在我国古代主要是指从事手工业制造的技术人员。《汉典》对工匠有具体的解释，即具备专长的匠人。我国民间匠人的种类众多，有木匠、铁匠、石匠、泥水匠、染匠、屠宰匠、画匠、剃头匠、骟匠、油漆匠、船工、裁缝、纸扎匠、磨刀磨剪匠、皮匠（钉鞋匠）、箍桶匠、白铁匠、铜匠、银匠、钉碗匠、弹花匠、修伞匠、小炉匠（补锅匠）、竹篾匠，等等。

在中华民族发展的历史长河中，涌现出了大量极具盛名的"祖师爷"级的人物，如：鲁班，木匠、石匠、泥水匠尊其为祖师爷；蔡伦，纸坊尊其为祖师爷；李春，桥梁建造者尊其为祖师爷；杜康，酒坊尊其为祖师爷；等等。他们都是我国历史上各个细分行业中技术高超、功夫精湛的专业人员，他们都精益求精，将一件件具体的工作做得炉火纯青。因此，专注于某一领域，针对这一领域的产品研发或加工过程都能够全身心投入，精益求精、一丝不苟地完成整个工序的人，可称其为工匠。

## 二、工匠精神

工匠精神是严谨认真、精益求精、追求完美的职业精神，它是职业道德、职业能力、职业品质的体现，是从业者的一种职业价值取向和行为表现。

2016 年,工匠精神首次被写入政府工作报告,报告中提出"培育精益求精的工匠精神,增品种、提品质、创品牌"。2017 年,习近平总书记在党的十九大报告中明确提出:"建设知识型、技能型、创新型劳动者大军,弘扬劳模精神和工匠精神,营造劳动光荣的社会风尚和精益求精的敬业风气。"

在当今社会,只有充分理解工匠精神,恪守职业道德,刻苦钻研,精益求精,掌握高超的技艺,并使其得到淋漓尽致地发挥,才会拥有竞争优势,具有真正的不可替代性,才能在复杂的环境下立于不败之地,在平凡中见证崇高与伟大。

## 三、新时代工匠精神的内涵

工匠精神的基本内涵包括敬业、精益、专注、创新等方面的内容。

**(一) 敬业**

敬业是从业者基于对职业的敬畏和热爱而产生的一种全身心投入的认认真真、尽职尽责的职业精神状态。

**(二) 精益**

精益就是精益求精,是从业者对每件产品、每道工序都凝神聚力、精益求精、追求极致的职业品质。

**(三) 专注**

专注就是内心笃定而着眼于细节的耐心、执着、坚持的精神,这是一切"大国工匠"所必须具备的精神特质。

**(四) 创新**

工匠精神还包括追求突破、追求革新的创新内蕴。古往今来,热衷于创新和发明的工匠们一直是世界科技进步的重要推动力量。

工匠精神表现出,每一位有追求的劳动者在平凡的工作岗位上,对自己提出的更高的标准要求,以积极进取的工作态度、精益求精的品质目标、一丝不苟的工作习惯、攻坚克难的决心意志和勇于创新的精神风貌,不断自我提升、自我完善、自我超越。

# 第四节　新时代科学家精神及其内涵

## 一、科学家

科学家是对真实自然及未知生命、环境、现象及其相关现象统一性的客观数字化重现与认识、探索、实践的人,如:英国物理学家牛顿、波兰物理学家居里夫人、美籍科学家爱因斯坦、中国科学家钱学森等。

科学是人类探索自然同时又变革自身的伟大事业,科学家是科学知识和科学精神的重要承载者。党的十八大以来,以习近平总书记为核心的党中央高度关心关怀我国的科技事业发展和广大科学家群体。习近平总书记指出:"中国要强盛、要复兴,就一定要大力发展科学技术,努力成为世界主要科学中心和创新高地。"他强调:"希望广大院士弘扬科学报国的光荣传统,追求真理、勇攀高峰的科学精神,勇于创新、严谨求实的学术风气,把个人理想自觉融入国家发展伟业,在科学前沿孜孜求索,在重大科技领域不断取得突破。"这一重要论述,体现了党中央对科学家群体的殷切期望,而要激励和引导科技工作者追求真理、勇攀高峰,真正把学问和人格融合在一起,就必须重视科学家精神的培育和弘扬。

## 二、科学家精神

2020 年 9 月 11 日,习近平在北京主持召开科学家座谈会并发表重要讲话,他指出:"科学成就离不开精神支撑。科学家精神是科技工作者在长期科学实践中积累的宝贵精神财富。"科学家精神是胸怀祖国、服务人民的爱国精神,勇攀高峰、敢为人先的创新精神,追求真理、严谨治学的求实精神,淡泊名利、潜心研究的奉献精神,集智攻关、团结协作的协同精神,甘为人梯、奖掖后学的育人精神。这六个方面,构成了科学家精神的主要内涵,是我国科技工作者在长期科学实践中积累的宝贵精神财富。

新中国成立以来，广大科技工作者在祖国大地上树立起一座座科技创新的丰碑，也铸就了独特的精神气质。大力弘扬科学家精神，在全社会形成尊重知识、崇尚创新、尊重人才、热爱科学、献身科学的浓厚氛围，必将进一步鼓舞和激励广大科技工作者争做重大科研成果的创造者、建设科技强国的奉献者、崇高思想品格的践行者、良好社会风尚的引领者，不断向科学技术广度和深度进军。

## 三、新时代科学家精神的内涵

我国科学家是充满理想和献身精神、具有优良传统的群体。长期以来，一代又一代科技工作者以国家富强、民族振兴、人民幸福为己任，铸就了"两弹一星""载人航天"等光照千秋的精神丰碑，涌现出钱学森、于敏、黄大年、南仁东等光辉典范，成为伟大民族精神的传承者、践行者和塑造者。

进入新时代，我们更需要对我国科技界的优秀传统和宝贵精神不断进行凝练升华，筑牢科技界共同的价值观念和思想基础。中共中央办公厅、国务院办公厅于 2019 年 6 月 11 日印发实施的《关于进一步弘扬科学家精神加强作风和学风建设的意见》（以下简称"《意见》"），以爱国、创新、求实、奉献、协同、育人为核心，对新时代科学家精神作了全新的阐释，明确了新时代科学家精神的内涵，即胸怀祖国、服务人民的爱国精神，勇攀高峰、敢为人先的创新精神，追求真理、严谨治学的求实精神，淡泊名利、潜心研究的奉献精神，集智攻关、团结协作的协同精神，甘为人梯、奖掖后学的育人精神。既传承精神血脉，又蕴涵时代特点，引导广大科技工作者接力精神火炬，奋进新的长征，以更加昂扬的精神状态和奋斗姿态，投身世界科技强国建设事业。这些精神特质，既有在科学的发生、发展中积淀的品格、方法和规训，又强调社会责任、人文关怀等伦理维度，体现了中国传统科技文化中物我合一、理实交融的天人观，是仰望星空的真理追求和检视内心的人文关怀的统一。

《意见》提出要自觉践行、大力弘扬新时代科学家精神,加强作风和学风建设,营造风清气正的科研环境,加快转变政府职能,构建良好科研生态,加强宣传,营造尊重人才、尊崇创新的舆论氛围。力争在1年内使转变作风改进学风的各项治理措施得到全面实施,在3年内取得作风学风实质性改观,使科技创新生态不断优化,学术道德建设得到显著加强,新时代科学家精神得到大力弘扬,从而在全社会形成尊重知识、崇尚创新、尊重人才、热爱科学、献身科学的浓厚氛围,为建设世界科技强国汇聚磅礴的力量。

《意见》指出要大力弘扬胸怀祖国、服务人民的爱国精神。继承和发扬老一代科学家艰苦奋斗、科学报国的优秀品质,弘扬"两弹一星"精神,坚持国家利益和人民利益至上,以支撑服务社会主义现代化强国建设为己任,着力攻克事关国家安全、经济发展、生态保护、民生改善的基础前沿难题和核心关键技术。

要大力弘扬勇攀高峰、敢为人先的创新精神。坚定敢为天下先的自信和勇气,面向世界科技前沿,面向国民经济主战场,面向国家重大战略需求,抢占科技竞争和未来发展制高点。敢于提出新理论、开辟新领域、探寻新路径,不畏挫折、敢于试错,在独创独有上下功夫,在解决受制于人的重大瓶颈问题上强化担当作为。

要大力弘扬追求真理、严谨治学的求实精神。把热爱科学、探求真理作为毕生追求,始终保持对科学的好奇心。坚持解放思想、独立思辨、理性质疑,大胆假设、认真求证,不迷信学术权威。坚持立德为先、诚信为本,在践行社会主义核心价值观、引领社会良好风尚中率先垂范。

要大力弘扬淡泊名利、潜心研究的奉献精神。静心笃志、心无旁骛、力戒浮躁,甘坐"冷板凳",肯下"数十年磨一剑"的苦功夫。反对盲目追逐热点,不随意变换研究方向,坚决摒弃拜金主义。从事基础研究,要瞄准世界一流,敢于在世界舞台上与同行对话;从事应用研究,要突出解决实际问题,力争实现关键核心技术自主可控。

要大力弘扬集智攻关、团结协作的协同精神。强化跨界融合思维，倡导团队精神，建立协同攻关、跨界协作机制。坚持全球视野，加强国际合作，秉持互利共赢理念，为推动科技进步、构建人类命运共同体贡献中国智慧。

要大力弘扬甘为人梯、奖掖后学的育人精神。坚决破除论资排辈的陈旧观念，打破各种利益纽带和裙带关系的桎梏，善于发现培养青年科技人才，敢于放手、支持其在重大科研任务中"挑大梁"，甘做致力提携后学的"铺路石"和领路人。

## 课 后 思 考

1. 劳模精神、工匠精神、科学家精神对我们青年学子具有怎样的现实意义？

2. 作为新时代大学生，我们应当如何弘扬劳模精神、劳动精神、工匠精神？

3. 如何在劳模精神、工匠精神、科学家精神当中汲取提升自我价值的养分？

# 附录 劳动模范、"大国工匠"、科学家典型人物

## 一、劳动模范、"大国工匠"典型人物

### （一）争取男女同工同酬——申纪兰

1951年12月10日，西沟村初级农业生产合作社成立，申纪兰（图1）当选为副社长。她上任的第一件事就是动员、带领社里的妇女，走出院门，和男人一样下田劳动。当时，受封建传统习惯影响，在太行山区还流行着"好男走到县，好女不出院"的古训。要使妇女离开"三台"（锅台、炕台和碾台），走出"院门"，实在是一件不容易的事情。

图1　申纪兰

申纪兰磨破了嘴，跑细了腿，终于动员了社里22个妇女下田参加集体生产劳动。当时，按照社里的规定，男人下田一天记10工分，妇女下田一天记5工分，"老五分"严重挫伤了妇女们的积极性。于是，申纪兰就带领西沟妇女在太行山上的这个小山村，和男人们展开了一场富有历史意义的"劳动竞赛"活动，并争取到了"男女干一样的活，应记一样的工分"的结果。当时，申纪兰并没有意识到，她带领西沟妇女所取得的这场胜利，在新

中国农村发展史上具有非同寻常的历史意义和现实意义。1954年9月,申纪兰当选为中华人民共和国第一届全国人大代表,她提出的《男女同工同酬》倡议,被写进中华人民共和国的第一部宪法。

改革开放以来,她勇于改革,大胆创新,为发展农业和农村集体经济、推动老区经济建设和老区人民脱贫攻坚做出了巨大贡献。

1952年,申纪兰第一次被评为全国农业劳动模范;1979年、1989年两次荣获全国劳动模范称号;1983年获全国"三八红旗手"称号;2007年获首届全国道德模范敬业奉献模范称号;2016年10月16日,获得2016年"全国脱贫攻坚'奋进奖'";2018年11月,入选100名改革开放杰出贡献者;2018年12月18日,党中央、国务院授予申纪兰同志"改革先锋"称号,颁授改革先锋奖章,并获评"初心不改的农村的先进模范代表";2019年9月17日,国家主席习近平签署主席令,授予申纪兰"共和国勋章",9月25日,申纪兰被评选为"最美奋斗者"。

作为一个普普通通的农村妇女,申纪兰曾受到过毛泽东的亲切接见,在周恩来家中作过客,和邓小平一起照过相,江泽民称她是"凤毛麟角"。胡锦涛、李鹏、朱镕基、薄一波还亲自到西沟村看望过她。申纪兰还代表中国妇女,参加了1953年在丹麦首都哥本哈根举行的第二次世界妇女大会;访问了苏联首都莫斯科、前波兰首都华沙和前民主德国首都柏林等社会主义国家;还受到了朝鲜领导人金日成、越南领导人胡志明等外国领导人的亲切接见。申纪兰是中国唯一一位从第一届连任到第十三届的全国人大代表。

## (二)"嫦娥四号"探测器总设计师——孙泽洲

孙泽洲(图2),我国深空探测航天器设计领域的专家和学术带头人,长期致力于深空探测领域的研究和工程实践,创新突破月球软着陆和月面巡视等核心关键技术。他主持设计的"嫦娥三号"探测器,实

图2 孙泽洲

现了我国首次月面软着陆和巡视勘查,带领着"嫦娥四号"团队朝着实现人类首次月球背面软着陆的目标迈进,为我国深空探测领域的发展做出了突出贡献。他先后参与了"实践五号""资源一号""资源二号""嫦娥一号""嫦娥三号""嫦娥四号"和火星探测器以及空间太阳望远镜的预研工作;历任"资源一号"卫星总体副主任设计师,"嫦娥一号"卫星副总设计师,"嫦娥三号"探测器总设计师,现任"嫦娥四号"探测器总设计师、火星探测器总设计师;2020 年荣获"全国劳动模范"称号。

2018 年 12 月 8 日,"嫦娥四号"探测器成功升空,开启了人类首次月球背面软着陆和巡视探测任务,这是改革开放 40 年来中国航天事业蓬勃发展取得的伟大成就。几代中国航天人为之不懈奋斗,孙泽洲就是其中的典型代表。孙泽洲总师团队荣获国际宇航联合会 2020 年度最高奖——世界航天奖。

目前,"嫦娥四号"已经高效工作 18 个月昼,月面生存超过 500 天,成为世界上在月球表面工作时间最长的人类探测器。

2008 年,年仅 38 岁的孙泽洲被任命为"嫦娥三号"探测器系统总设计师。考虑到月球表面地形地貌的不确定性,任务中多个关键动作和环节又必须万无一失,刚一"接棒"的他"压力山大"。为了消除不确定因素带来的隐患,孙泽洲率领研制人员建立了包括月表地形地貌模型、月尘模型在内的多个模型,通过系统仿真进行了初步分析与设计。他们特别设计了模拟地球六分之一重力状态下的各种试验,模拟软着陆冲击、月面移动试验中的月壤、光照环境;在机构等性能试验中,模拟月尘环境、舱外设备月夜储存环境等,并根据试验结果进行再分析,通过对薄弱环节的不断改进,逐步提高了"嫦娥三号"的可靠性。

一般卫星的新研产品和新技术只占设计总量的 20%～30%,而"嫦娥三号"的新研产品和新技术却占到了 80%,特别是 12 分钟的软着陆过程完全是靠探测器自主完成的。为此,孙泽洲总师带领研制人员进行了上万次数学仿真、成百上千次桌面联试以及多次模拟月球重力环境和月表地形地貌等大型地面试验,他始终站在研制的最前沿。

当中国火星探测任务和"嫦娥四号"探测器任务分别正式立项,孙泽洲被任命为两大探测器的"双料"总设计师,开始了他一面飞"月球"、一面奔"火星"的"超常"职业生涯。

过去20多个春秋和未来漫长的岁月,孙泽洲将自己的光荣和梦想与星辰深空紧紧相连,在中国航天史上烙下坚实而深厚的印迹。

**(三)潜心育人,誉满教坛——蔺治萍**

在30多年的教学生涯中,蔺治萍(图3)用青春热血抒写着自己的教育人生,用自己高尚的师德和精湛的教学水平,赢得了学校、学生、家长的赞誉,先后被评为全国劳模、国家"万人计划"教学名师、国务院特殊津贴专家、全国"三八红旗手"、陕西省特级教师、陕西省劳动模范、陕西省第十三次党代会代表、延安市第五次党代会代表、延安市突出贡献专家、延安中学数学首席教师。

**图3 蔺治萍**

1. 难以割舍的园丁情结

1982年,蔺治萍从延安师范毕业后,被分配到吴起县的一所农村中学,正式成为一名人民教师。20世纪80年代初,正规师范的毕业生被分配到陕北地区农村中学的情况还不多见。蔺治萍的到来,给这个刻板沉寂的校园带来了生机与活力。作为一名老师,辛苦和劳累自是不用言说。为此,家人曾多次劝她改行,换一份稍微清闲一点的工作,但她执意不肯:"清闲点当然好,可人不能光为清闲活着,活在世上总得做点什么。""她呀,就是舍不得这些孩子。"家人们都这样说。30多年的教学生涯中,蔺治萍乐教敬业,刻苦钻研,把提高师能作为提高师德修养的一个目标。在延长县中学工作一段时间后,她开始担任高三年级的教师。这对于没有任何高三年级授课经验的她来说,压力很大。为了能尽快熟悉自己的工作,暑假期间,她查阅了上百本资料,通读了高中数学的所有教材,写下了三万多字的笔记,演算了上千道数学题。功夫不负有心人。经过努力,开学一个月后,她成了学生口中的"教授级老师",那年她只有 26 岁。在延长县中学的 12 年教学生涯中,她有 9 年在担任高三年级的把关教师。

### 2. 要做专家型的教师

在延安中学这所省级重点中学里,蔺治萍是大家公认的"名师"。作为教学处副主任、数学教研组组长和青年教师导师,她在教好自己所带班级和课程的同时,还要经常承担教授示范课和培训新教师等工作。勤于思考、勇于实践,是蔺治萍在教学工作中的突出特点。在长期的教学实践中,她总结出了"启、读、议、讲、练"五步教学法、高中教学编码复习法、"交流生成式"单元教学法、网络化思维导图复习法、压轴题求解策略与方法等学习方法。她教课思维严谨、方法灵活、深入浅出、环环紧扣,给学生以启迪。"老师,听你的课让我茅塞顿开。""蔺老师,现在我对数学没那么恐惧了。"不少学生表示,蔺治萍的数学课"一点儿也不枯燥",非常有趣。深入研究,做专家型教师,是蔺治萍的目标。2012年到 2015 年,凭借过硬的业务能力和优异的工作表现,她连续四年被聘为陕西省高考数学命题专家。精益求精的学术态度、谦虚好学的工作作风,也赢得了命题处领导及成员的赞誉。在此期间,她连续三年负责延安中学高三的复习备考教学管理工作,她和她的教学团队在复习备考中团结协作,在"尖子生培养""一轮二轮自主高效复习课模式""成绩分析"等方面总结了很多好的方法。2014 年高考,延安中学的学生夺得全省文科状元,实现了历史性突破。2015 年,蔺治萍开始主持由省教育厅、人社厅及省总工会命名的"蔺治萍名师工作室""蔺治萍劳模创新工作室"。一年来,她带领工作室成员在"课题研究""校本研修""学术研讨""精品课程""网站交流"等方面开展研究,到安塞、延川、子长、志丹、延长等 7 所中学开展送教下乡,发挥了骨干示范和辐射引领作用。

### 3. 拳拳师心化作缕缕春风

在不少学生眼中,蔺治萍除了是他们的良师,还是他们的益友,是和蔼可亲的"蔺妈"。蔺治萍的个人生活极其俭朴,吃穿从不讲究。但当她的学生遇到困难,需要帮助时,她却变得格外慷慨。她带的"火箭班"中有不少人来自农村,家庭生活困难,她就自己出钱及时给予帮助。每年元旦前夕,蔺治萍的案头都会摆满一张张精美的贺卡,上面写满了学生对她的祝福,表达对她的感激之情。这些学生有不少已经学业、事业有成,但每年依旧会给她打电话或发短信问候。

### (四)普通劳动者的榜样——徐虎

徐虎(图4),上海市普陀区西部集团物业总监、全国劳动模范。他曾在水电修理工的岗位上,率先挂出3只"夜间水电急修特约报修箱",每天19时准时开箱。在"挂箱服务"的十多年中,徐虎从未失信于他的用户,累计开箱服务3 700多天,为居民解决夜间水电急修问题2 100多个。他凭着"辛苦我一人,

图4　徐虎

方便千万家"的精神,谱写了一曲新时代的雷锋之歌,先后4次被评为全国劳动模范,被群众誉为"19点钟的太阳"。

每当朦胧的夜色笼罩在浦江两岸,上海西部的石泉、农林、光新、棉纺地区,那窄窄的街巷深处,就会传出千家万户的欢声笑语。这时,总有一个中等个头、戴着深度近视眼镜的人,背着工具包,蹬着一辆被上海人称之为"老坦克"的破旧自行车,来回地奔波在这一带,为居民修理马桶、疏通管道,帮他们解除种种困扰。居民们感激地称他为解难的"及时雨",带来光明的"夜明珠"。

他走家串户,征询居民们对房修服务的意见。结果归结到一句话:维修一定要及时。怎样才算是及时呢?徐虎从警民联系箱得到启发,萌生了业余时间为居民挂箱服务的念头。

打从挂箱服务的那天起,在徐虎的心里就没有了"星期日"和"节假日",只留下"为民服务"4个字。小小"报修箱"受到居民们的热情称赞,徐虎却谦虚地说:"我是平凡人,只不过努力做好平凡事。"但是,受到徐虎服务的居民不这么认为。居民说:"徐虎在平凡的工作中做出不

平凡的成绩。这平凡就是伟大。"

每当群众遇到困难,他都像"及时雨",送去党和社会的温暖。群众说,如果每一个党员都像他这样为党分忧,为民解忧,就会在我们的社会中形成一股凝聚力。

1996 年 3 月,中共上海市委组织部、宣传部授予徐虎"共产党员关心群众的模范"荣誉称号;建设部领导为徐虎题词:"发扬雷锋精神,把党和政府关怀群众生活的宗旨,通过我们的工作送给千家万户。"

徐虎这样充满敬业精神的普通劳动者,不仅房管物业部门需要,全社会也需要,广大群众更需要。因此,一个徐虎的出现,也必然会带动一批"徐虎"的出现。徐虎所在的班组,在设施陈旧、管道老化的地区,创出了一流的服务质量,先后被评为上海市优秀班组、红旗班组。1993年,又被评为"全国学雷锋先进集体"。他们被居民称作"我们的徐虎"。每当徐虎外出开会时,就有班组里的其他人为居民开箱服务。于是,有了"徐虎第二"王耀齐。他拜徐虎为师,也挂出了 3 只夜间特约报修箱。徐虎不在时,王耀齐一人要开 6 只报修箱。1992 年,王耀齐被评为上海市劳动模范,荣获全国五一劳动奖章;1994 年被评为建设部劳动模范。紧接着,在普陀区东新地区出现了"徐虎第三"黄卫国;在曹安地区出现了"徐虎第四"蒋德宽。1994 年,他们双双当选为上海市劳动模范。后来,又出现了"徐虎第五"冯宝荣、"徐虎第六"顾声龙……于是,就有了"呼唤徐虎"的行动。

1995 年 9 月,上海《青年报》社和上海市房地局团委联合开展"呼唤徐虎"——上海房地系统青年突击队百日立功竞赛活动。1996 年 2月,全市命名了顾声龙等 14 人为上海市房地系统青年服务明星,人称"小徐虎",开通了居民报修的语音信箱,从而形成全市性的为民解忧"徐虎网络"。"徐虎效应"在全上海的房产物业部门中产生了一个又一个的"冲击波",并且影响到其他行业。徐虎,为千千万万新时代的普通劳动者树立了一个光辉的榜样。

### （五）"金手天焊"——高凤林

高凤林(图5)，男，汉族，1962年3月出生，中共党员，本科学历，河北东光人，首都航天机械有限公司高凤林班组组长，中华全国总工会兼职副主席。曾荣获全国道德模范、全国劳动模范等荣誉。

图5 高凤林

他是航天特种熔融焊接工，长三甲系列运载火箭、长征五号运载火箭的第一颗"心脏"（氢氧发动机喷管）都在他手中诞生。38年来，他先后为90多发火箭焊接过"心脏"，占我国火箭发射总数的近四成；先后攻克了航天焊接的200多项难关，其中包括有16个国家和地区参与的国际项目攻坚。2014年底，他携3项成果参加德国纽伦堡国际发明展，同时获得3项金奖，震惊了世界。

"不仅会干，还要能写出来指导别人干。"高凤林著有论文30多篇，每年授课120多个课时，听众达上千人次。在操作难度很大的发动机喷管对接焊中，高凤林通过研究产品的特点，灵活运用高次方程公式和线积分公式，提出了"反变形补偿法"，进行变形控制。这一工艺获得了国家科技进步二等奖。

2011年，国家人力资源和社会保障部以高凤林的名字，命名了国家级技能大师工作室，这也是首批国家级技能大师工作室之一。2015年，高凤林劳模创新工作室挂牌。

### （六）高铁焊接大师——李万君

李万君(图6)，中共党员，全国五一劳动奖章获得者，中华技能大奖、国务院特殊津贴获得者，吉林省高级专家、吉林省技能传承师、吉林省第十次党代会代表，被称为"中国第一代高铁工人"。2016年4月，李万君获得2016年全国五一劳动奖章；2017年2月8日，被评为2016年度"感动中国"人物之一。

图6 李万君

凭借精湛的技术,李万君在参与填补国内空白的几十种高速车、铁路客车、城铁车,以及出口澳大利亚、新西兰等国家和香港地区的列车生产中,攻克了一道又一道技术难关。

如今,长客股份公司的转向架年产量超过5 000个,比庞巴迪、西门子和阿尔斯通等世界三大轨道车辆制造巨头的总和还多。李万君也因为在高铁制造中所做出的特殊贡献而赢得了"高铁焊接大师"的美誉。

李万君在本职岗位上取得的一个个成绩,并非偶然。在23年的工作中,他勤于钻研,勇于创新,练就了过硬的焊接本领。他同时拥有碳钢、不锈钢焊接等6项国际焊工(技师)资格证书。手弧焊、二氧化碳气体保护焊及MAG焊、TIG焊等多种焊接方法,他样样精通;平、立、横、仰和管子等各种焊接形状和位置,他样样知晓。

为高速动车组生产培养新生力量,是李万君对中国高铁制造的又一大贡献。为确保时速250公里和350公里动车组的生产,以及时速380公里超高速动车组的试制,李万君肩负起了为企业培养后备技术工人的重任。在不到两年的时间里,他一边工作,一边编制教材、承担培训任务,创造了400余名新工提前半年全部考取国际焊工资质证书的"培训奇迹"。他精心撰写的《二氧化碳气体保护焊平板对接》《单面焊双面成形焊接工艺》等教材,通俗易懂,深受欢迎。他所带的徒弟中,已有多人成为技师、高级技师,1人成为"长春市高技能人才指导师",5人考取国际焊接技师证书。他本人也多次被长春市总工会聘为"高技能人才传艺项目技能指导师"。

2010年,他又因为传授技艺成绩显著被聘为"长春市高技能人才传承师"。

接踵而来的荣誉,记录了李万君从一名普通焊工成长为"高铁焊接大师"的发展历程。面对这些,李万君没有满足,他始终保持着焊接工人的本色,用实际行动将人生价值最大化,为企业、为中国高铁事业继续做着不懈地努力,争做更大的贡献。

### (七)"深海钳工"——管延安

管延安(图7),男,1977年6月19日出生,汉族,山东潍坊人,1995年参加工作,是一位农民工。他先后荣获港珠澳大桥岛隧工程"劳务之星"和"明星员工"的称号,因其精湛的操作技艺被誉为中国"深海钳工"第一人。2015年"五一"前夕,中央电视台系列纪录片《大国工匠》之《深海钳工》专题,播出了他的先进事迹。

图7　管延安

管延安,中交港珠澳大桥岛隧工程V工区航修队钳工,负责沉管舾装和管内压载水系统安装等相关作业。经他安装的沉管设备,已成功完成18次海底隧道对接任务,无一次出现问题。

18岁时,管延安就开始跟着师傅学习钳工;"干一行、爱一行、钻一行",是他对自己的要求;看书学习,是他最大的业余爱好。二十多年的勤学苦练和对工作的专注,心灵手巧的他不但精通錾、削、钻、铰、攻、套、铆、磨、矫正、弯形等各门钳工工艺,而且对电器安装调试、设备维修也是得心应手。

2013年年初,管延安来到珠海牛头岛,成为岛隧工程建设大军的一员。他所负责的沉管舾装作业,对导向杆和导向托架的安装精度要求极高,接缝处间隙误差不得超过±1毫米,管延安做到了零缝隙。每次安装,他带领舾装班组同测量人员密切配合,利用千斤顶边安装边调整,从最初需要调整五六次到后来只需调整两次,就可以达到"零误差"的标准。

以追求极致的态度,不厌其烦地重复检查、重复练习,管延安快速准确地完成了看似微不足道但又举足轻重的工作。

　　管延安习惯给每台修过的机器、每个修过的零件做笔记,将每个细节详细记录在个人的"修理日志"上,遇到什么情况、怎么样处理都"记录在案"。从入行到现在,他已经记了厚厚四大本,闲暇时他都会拿出来温故知新。这些"文物"里,除了文字还有他自创的"图解"。如今,他也将这个习惯传给了徒弟。

　　管延安是一个十分较真的人,干什么事情都非常专注,以主人翁精神去解决每一个问题。一个个细小突破的集成,一件件普通工作的累积,成就了"大国工匠"的传奇。

　　每次沉管浮运安装前,岛隧工程项目总经理部都会组织全面精细的风险排查,针对其所负责的任务,他有自己的一套检查方法。

　　专注,做什么事情都静得下心来。这是同事们对管延安的一致评价。

　　为确保工程 120 年的使用寿命,工程严格采用了世界最高标准。面对大量高科技、新工艺和高质量的挑战,管延安从零开始,虚心学习。

　　2013 年 5 月 7 日,港珠澳大桥海底隧道首节沉管顺利安装成功,圆满实现了"深海初吻",管延安和航修队的同事们交上了一份漂亮的答卷。

　　在港珠澳大桥岛隧项目,他接触了许多新知识,年近不惑的他,依然像小学生般求知若渴。凭着高超的技艺和精益求精的"匠心",管延安成为中国"深海钳工"第一人。

### (八) 錾刻大师——孟剑锋

　　孟剑锋(图 8),1974 年 2 月出生,1993 年进入北京渥拉菲装饰品有限公司工作,现为北京工美集团旗下北京渥拉菲首饰有限公司的高级技师,中共北京市第十次党代会代表,享受北京市政府技师、朝阳区政府首席技师特殊津贴。

图 8　孟剑锋

　　孟剑锋曾获第十四届全国职工"职

业道德建设标兵"、首都劳动奖章、2016 年度"国企楷模·北京榜样"十大人物、2016 年度人民网"匠人精神奖"等众多荣誉。

孟剑锋从事工艺美术行业二十多年,擅长制作贵金属工艺摆件。他匠心独运,成功制作了"两弹一星"科学家功勋奖章、"神舟"系列航天英雄奖章,并荣获中国礼仪休闲用品设计大赛国务政务类金奖。《神武辟邪》《金枝玉叶》《龙凤爵杯》等贵金属工艺摆件作品,荣获第六届中国礼品大赛"华礼奖"优秀奖。2014 年,他追求工艺极致,制作了《和美》纯银錾刻丝巾果盘,被选定为赠送给 APEC(Asia-Pacific Economic Cooperation)会议各经济体领导人配偶的礼品。2017 年,他制作了"一带一路"峰会礼品——《梦和天下》首饰盒套装。

多年来,孟剑锋一直以实际行动践行着工匠精神,默默无闻地耕耘着。因为出色的工作表现,2015 年、2016 年,他作为工艺美术行业的代表,先后两次登上中央电视台《大国工匠》栏目。

"上百万次錾刻,只要一失就前功尽弃。"孟剑锋介绍,敲击不同的錾子,就会在金属上留下不同的花纹,因此,要錾刻一个精美的图案,第一步要开好錾子,每开一个錾子都是一次创新。孟剑锋就曾为了一把錾子反反复复琢磨了一个多月,睡觉都会去想这些事。

喜欢、踏实、用心,是他教徒的硬标准。有的孩子錾刻有天赋,打錾子有感觉,有的焊接好,他会视徒弟悟性和兴趣定向培养,"人有兴趣就会全身心投入"。踏实是第二位的,如果心很浮躁就干不好。用心学习也不可或缺。"手艺是练出来的,不是想出来的,不吃苦怎能干好?"

工艺需要创新,但科技永远不能也不会取代传统技艺。雕漆月季花钮是手工雕刻,花托则采用 3D 打印,"手工尺寸和机械尺寸一定要配合好,花不能大,也不能小"。这是孟剑锋和团队首次尝试传统工艺和现代科技相结合。"创新也是一种传承",在他看来,传统工艺加上科技创新,提高了速度,两者互相成就,"可能多少年后,3D 打印这项技术就是传承"。而这一切的前提是要保留传统工艺。

孟剑锋认为,科技永远不能也不会取代传统技艺,"即便再过千年,老的技艺不能丢,也不会丢"。

但说到机械制作和手工制作的差别,孟剑锋认为颇为细微,且只可意会。"机械做出一批全一样的,手工做的每件都不一样。手工作品透着制作者的心血。"孟剑锋又顿一顿说,"味道不一样。"

从业 25 年来,孟剑锋追求极致,将一丝不苟、求真唯美内化于心,这是大国工匠的立身之本,也是中国制造的品质保障。

## 二、科学家典型人物

### (一)二十世纪伟大的科学家——阿尔伯特·爱因斯坦

爱因斯坦(图 9),1900 年毕业于苏黎世工业大学,并入瑞士籍;1905 年获苏黎世大学哲学博士学位;曾在伯尔尼专利局任职。苏黎世工业大学、布拉格德意志大学教授;1913 年返回德国,任柏林威廉皇帝物理研究所所长和柏林大学教授,并当选为普鲁士科学院院士;1933 年因受纳粹政权迫害,迁居美国,任普林斯顿高级研究所教授,从事理论物理研究,1940 年入美国国籍。

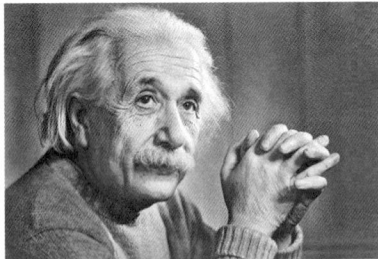

图 9 爱因斯坦

19 世纪末期是物理学的变革时期,爱因斯坦从实验事实出发,重新考查了物理学的基本概念,在理论上做出了根本性的突破。他的一些成就大大推动了天文学的发展。他的量子理论对天体物理学、特别是理论天体物理学都有很大的影响。理论天体物理学的第一个成熟的方面——恒星大气理论,就是在量子理论和辐射理论的基础上建立起来的。爱因斯坦的狭义相对论成功地揭示了能量与质量之间的关系,解决了长期存在的恒星能源来源的难题。由于发现越来越多的高能物理现象,狭义相对论已成为解释这种现象的一种最基本的理论工具。其广义相对论也解决了一个天文学上多年来的不解之谜,并推断出后来被验证了的光线弯曲现象,还成为后来许多天文概念的理论基础。

爱因斯坦对天文学最大的贡献莫过于他的宇宙学理论。他创立了相对论宇宙学,建立了静态有限无边的自洽的动力学宇宙模型,并引进了宇宙学原理、弯曲空间等新概念,大大推动了现代天文学的发展。

### （二）中国"两弹一星"功勋奖章获得者——钱学森

钱学森(图10),浙江杭州人,著名科学家,中国空气动力学家,中国科学院、中国工程院院士,中国"两弹一星"功勋奖章获得者之一,中国人体科学的倡导者。他曾任中国人民解放军原总装备部科技委高级顾问,中国人民政治协商会议第六、第七、第八届全国委员会副主席、中国科学技术协会名誉主席、全

图10　钱学森

国政协副主席等重要职务;曾任美国麻省理工学院教授、加州理工学院教授,且为中美两国的导弹和航天计划都曾做出过重大贡献;1957年9月,被授予中国人民解放军中将军衔。他是中国航天科技事业的先驱和杰出代表,被誉为"中国航天之父"和"火箭之王";中国共产党的优秀党员,忠诚的共产主义战士,享誉海内外的杰出科学家和我国航天事业的奠基人;因病于2009年10月31日8时6分在北京逝世,享年98岁。

钱学森在20世纪40年代就已经成为航空航天领域内最为杰出的代表人物之一,成为20世纪众多学科领域的科学群星中极少数的巨星之一;钱学森也是为新中国的成长做出无可估量贡献的老一辈科学家团体之中,影响最大、功勋最为卓著的杰出代表人物之一,是新中国爱国留学归国人员中最具代表性的国家建设者之一,是新中国历史上伟大的人民科学家。

钱学森一生默默治学,但无论在什么时代,什么地方,他所选择的,既是一个科学家的最高职责,也是一个中华儿女的最高使命。他一生

的经历和成就,在中国的国家史、华人的民族史和人类的世界史上,同时留下了耀眼的光芒,照亮了来路。作为中国航天事业的先行者,他不仅是知识的宝藏、科学的旗帜,而且是民族的脊梁、全球华人的典范,他向世界展示了华人的风采。

毛泽东评价:美国人把钱学森当成 5 个师,在我看来,对我们说来,钱学森比 5 个师的力量大多啦。

美国海军次长丹尼·金布尔评价:无论在哪里,钱学森都值五个师。

导师冯·卡门评价:我们的朋友钱学森,是 1945 年我向美国空军科学顾问组推荐的专家之一。他是当时美国处于领导地位的第一流火箭专家,后来成了世界闻名的人物。钱学森作为加州理工学院火箭小组的元老,曾在第二次世界大战期间对美国火箭研究做出重大贡献。他是一个无可置疑的天才,他的工作大大促进了高速空气动力学和喷气推进科学的发展。他的这种天资是我不常遇到的。我发现他非常富有想象力,他具有天赋的数学才智。人们都这样说,似乎是我发现了钱学森,其实,是钱学森发现了我。

美国火箭专家克拉克评价:中共的归国学人当中,无人重要性能出钱学森其右。

美国麻省理工学院史蒂夫评价:钱学森在美国的成绩很好,但不足以令人折服。他对中华人民共和国的贡献才真正了不起。

合众国际社记者罗伯特·克莱伯评价:正是因为有了钱学森,中国才在 1970 年成功地发射第一颗人造卫星。由他负责研究的火箭,正使中国成为同苏联、美国一样能把核弹头发射到世界上任何一个地方的国家。

《感动中国》组委会授予钱学森的颁奖辞:在他心里,国为重,家为轻,科学最重,名利最轻。五年归国路,十年两弹成。开创祖国航天,他是先行人,披荆斩棘,把智慧锻造成阶梯,留给后来的攀登者。他是知识的宝藏,是科学的旗帜,是中华民族知识分子的典范。

### （三）首届国家最高科学技术奖得主、"杂交水稻之父"——袁隆平

袁隆平（图 11）是杂交水稻研究领域的开创者和带头人，致力于杂交水稻技术的研究、应用与推广，发明"三系法"籼型杂交水稻，成功研究出"两系法"杂交水稻，创建了超级杂交稻技术体系。他提出并实施"种三产四丰产工程"，运用超级杂交稻的技术成果，出版中、英文专著6 部，发表论文 60 余篇。

图 11 袁隆平

1964 年，袁隆平开始研究杂交水稻，1966 年在 IRRI 菲律宾国际水稻研究所，培育出奇迹稻（IR8）。1974 年，他育成第一个杂交水稻强优组合南优 2 号。1975 年，他研制成功杂交水稻制种技术，从而为大面积推广杂交水稻奠定了基础。1985 年，他提出杂交水稻育种的战略设想，为杂交水稻的进一步发展指明了方向。

1986 年，袁隆平正式提出了杂交水稻的育种战略，将杂交水稻的育种从选育方法上分为三系法、两系法和一系法三个战略发展阶段，即育种程序朝着由繁至简而效率越来越高的方向发展；从杂种优势水平的利用上分为品种间、亚种间和远缘杂种优势的利用三个战略发展阶段，即优势利用朝着越来越强的方向发展。根据这一设想，杂交水稻每进入一个新阶段都是一次新突破，都将把水稻产量推向一个更高的水平。这项战略构想的提出，为中国已取得三系法杂交水稻研究、开发成功后开展杂交水稻新探索指明了方向。

1987 年 7 月 16 日，袁隆平的学生李必湖、邓华风，在安江农校籼稻三系育种材料中，找到一株光敏不育水稻。历经两年三代异地繁殖和观察，该材料农艺性状整齐一致，不育株率和不育度都达到了100%，并且育性转换明显和同步。这一新成果，为杂交水稻从三系法过渡到两系法打开了新局面。同年，他提出"杂交水稻的发展战略"，即三系法为主的器种间杂种优势利用；两系法为主的籼粳亚种杂种优势

利用;一系法为主的远缘杂种优势利用。

1987 年,国家"863 计划"将两系法杂交水稻研究立为专题,袁隆平组成了两系法杂交水稻研究协作组开展协作攻关。历经 9 年的艰苦攻关,1995 年两系法杂交水稻取得了成功,一般比同熟期的三系杂交稻增产 5%～10%,且米质一般都较好,近年的种植面积为 400 公顷(1 公顷＝15 亩,1 亩＝666.7 平方米)左右。两系法杂交水稻为中国独创,它的成功是作物育种上的重大突破,再次体现了以袁隆平为首的中国杂交水稻科技工作者的聪明智慧,继续使中国的杂交水稻研究水平保持世界领先水平。

1997 年,袁隆平又提出了旨在提高光合作用效率的超高产杂交水稻形态模式和选育技术路线,开始了"中国超级杂交水稻"的研究。这是一道世界级难题,通过攻关研究,2000 年已实现了第一期大面积示范亩产 700 公斤的指标,比原有高产杂交稻每亩增产 50 公斤左右,尤其 1999 年在云南永胜还创造了亩产高达 1 137.5 公斤的高产新纪录,第一期超级杂交稻的推广面积为 200 万公顷。

2001 年以来,袁隆平指导选育出大面积示范亩产 800 公斤、米质优良的第二代超级杂交稻,并于 2004 年提前一年实现第二期超级稻目标。第二期超级杂交稻于 2006 年开始推广,2011 年种植面积达 800万亩,在大面积生产上比第一期超级稻高 50 公斤/亩以上。袁隆平仍不满足,进一步提出了将常规育种与生物技术结合,攻关第三期超级杂交稻大面积示范每亩 900 公斤目标,经过努力,2011 年、2012 年超级杂交稻第三期目标攻关百亩示范分别达亩产 926.6 公斤、917.7 公斤,标志着中国超级杂交稻第三期目标实现。2013 年,启动亩产 1 000 公斤的超级杂交稻第四期目标攻关。2013 年 9 月 29 日,第四期超级稻百亩示范片"Y 两优 900"中稻在湖南省隆回县羊古坳乡牛形村实现百亩平均亩产达 988.1 公斤,创世界纪录。2006 年,袁隆平提出"种三产四"丰产工程,即运用超级杂交稻的技术成果,力争用三亩地产出现有四亩地的粮食。2007 年率先在湖南 20 个县启动实施,已取得非常好的效果。计划在中国推广 6 000 万亩,产出 8 000 万亩的粮食,等于增加了 2 000 万亩产粮耕地,可多养活 3 000 多万人。到 2012 年,"种三产四"丰产工程项目扩大到在 50 个县市区实施,面积为 882.2 万亩,增产稻谷达 9.62 亿公斤。截至 2012 年,累计示范推广面积 2 000 多万亩,增产 20 多亿公斤,为粮食持续稳定增产做出了新的贡献。2013 年 9 月 29 日国家杂交水稻工程技术研究中心证实,经农业农村部测产验收,由"杂交水稻之父"袁隆平院士科研团队攻关的国家第四期超级稻百亩示范片"Y 两优 900"中稻平均亩产达 988.1 公斤,创世界纪录。

2016 年 11 月 19 日,中国工程院院士袁隆平、中国工程院院士罗锡文、测产验收专家以及相关技术专家来到兴宁,对华南双季稻年亩产 3 000 斤绿色高效模式攻关项目进行测产验收。现场实割测得晚稻平均亩产 705.68 公斤(干谷)。该攻关模式,2016 年 7 月 20 日,在兴宁经过专家组实割测得早稻平均亩产 832.1 公斤,加上本次实割产量,实现双季超级稻年亩产 1 537.78 公斤,创双季稻产量世界纪录。

2018 年 5 月 22 日,位于三亚水稻国家公园的有机覆膜直播试验示范田进行测产验收,测得亩产 1 065.3 公斤,创下海南省水稻单产历史最高纪录。

2020 年 11 月 2 日,在湖南省衡阳市衡南县清竹村进行的袁隆平领衔的杂交水稻双季测产达到了亩产 1 530.76 公斤,其中早稻 619.06 公斤、第三代杂交水稻晚稻品种"叁优一号"911.7 公斤,超过了 1 500 公斤的预期目标。比数字更重要的意义在于:这次测产充分展示了第三代杂交水稻更加契合实际生产的特点,从而有利于进一步保障国家粮食安全。

袁隆平致力于杂交水稻研究,发明"三系法"籼型杂交水稻,成功研究出"两系法"杂交水稻,创建了超级杂交稻技术体系,使中国杂交水稻研究始终居于世界领先水平。截至 2017 年,杂交水稻在中国已累计推广种植达 90 亿亩,共增产稻谷 6 000 多亿公斤。此外,袁隆平还携团队多次赴印度、越南等国,传授杂交水稻技术以帮助缓解粮食短缺和饥饿问题。

袁隆平热爱祖国、一心为民、造福人类的崇高品德，与中国共产党肝胆相照、同心同德的思想风范，与时俱进、勇攀高峰的创新精神，不畏艰险、执着追求的坚强意志，严以律己、淡泊名利的高尚情操，是当代中国人应当学习的风尚，更是新时代呼唤的时代精神。

### （四）世界上第一个获得诺贝尔奖的女科学家——居里夫人

居里夫人（图 12），波兰裔法国籍女物理学家、化学家。她一生的伟大贡献在于，和丈夫居里一起，在极其简陋、艰苦的条件下炼出了放射性物质——钋和镭。丈夫去世以后，她强忍悲痛，继续对镭和其他多种放射性元素进行研究，并取得丰硕成果，推动了原子核科学的发展。由于她在放射性研究方面成就显著，1903 年她获得了诺贝尔物理学奖，1911 年她又获得诺贝尔化学奖。她一生共获得 10 项奖金、16 种奖章、107 个名誉头衔。

图 12　居里夫人

她在巴黎取得学位并从事科学研究，是巴黎和华沙"居里研究所"的创始人。她与丈夫皮埃尔·居里共同发现了放射性元素钋，之后又发现了元素镭，因此，她和丈夫及亨利·贝克勒尔共同获得 1903 年诺贝尔物理学奖，1911 年又因放射化学方面的成就获诺贝尔化学奖，成为历史上第一个两获诺贝尔奖的人。由于长期接触放射性物质，她于 1934 年 7 月 4 日因恶性白血病逝世。居里夫人的成就包括开创了放射性理论，发明分离放射性同位素技术，以及发现两种新元素钋和镭。在她的指导下，人们第一次将放射性同位素用于治疗癌症，使医学研究更上一层楼。

"我要把人生变成科学的梦，然后再把梦变成现实。"这句名言应该是居里夫人最好的人生写照。居里夫人的一生为人类所做出的贡献卓越非凡。作为一位伟大的女性，她赢得了全世界人民的爱戴和敬仰。

居里夫人是女性的楷模,谁也没有认准要让她这么一个美丽而纤弱的女子去背负科学的十字架,而她却走得如此义无反顾,并在人类的历史中留下了自己的名字,得以永恒,这个世界该为有这样的女性而骄傲。她之所以能取得一生中最伟大的科学功绩,不仅仅是靠大胆的直觉,更靠着在难以想象的极端困难的情况下对工作的热忱和对真理的追求……"居里夫人的品德力量和热忱,哪怕只要有一小部分存在于欧洲的知识分子中间,欧洲就会面临一个比较光明的未来。"居里夫人是一位真正的科学家,一切荣誉、金钱、灾难都在她科学之光的照耀下荡然无存。居里夫人既不求名也不求利。她一生获得各种奖金 10 次、各种奖章 16 枚、各种名誉头衔 107 个,却全不在意。有一天,她的一位朋友来她家做客,忽然看见她的小女儿正在玩英国皇家学会刚刚颁发给她的金质奖章,于是惊讶地说:"居里夫人,得到一枚英国皇家学会的奖章,是极高的荣誉,你怎么能给孩子玩呢?"居里夫人笑了笑说:"我是想让孩子从小就知道,荣誉就像玩具,只能玩玩而已,绝不能看得太重,否则就将一事无成。"伟大的科学家阿尔伯特·爱因斯坦评价她说:"在所有的世界著名人物中,玛丽·居里是唯一没有被盛名宠坏的人。"

# 参 考 文 献

[1] 马克思,恩格斯.马克思恩格斯选集[M].中共中央马克思恩格斯列宁斯大林著作编译局,编译.北京:人民出版社,2012.

[2] 马克思,恩格斯.马克思恩格斯全集:第三卷[M].中共中央马克思恩格斯列宁斯大林著作编译局,编译.2版.北京:人民出版社,2002.

[3] 马克思,恩格斯.马克思恩格斯全集:第二十三卷[M].中共中央马克思恩格斯列宁斯大林著作编译局,编译.2版.北京:人民出版社,2016.

[4] 马克思,恩格斯.马克思恩格斯全集:第四十二卷[M].中共中央马克思恩格斯列宁斯大林著作编译局,编译.2版.北京:人民出版社,2016.

[5] 马克思,恩格斯.马克思恩格斯全集:第四十六卷[M].中共中央马克思恩格斯列宁斯大林著作编译局,编译.2版.北京:人民出版社,2016.

[6] 列宁.列宁全集:第2卷[M].中共中央马克思恩格斯列宁斯大林著作编译局,编译.2版.北京:人民出版社,2013.

[7] 毛泽东.毛泽东选集[M].北京:人民出版社,1991.

[8] 邓小平.邓小平文选:第二卷[M].北京:人民出版社,1994.

[9] 邓小平.邓小平文选:第三卷[M].北京:人民出版社,1993.

[10] 江泽民.江泽民文选[M].北京:人民出版社,2006.

[11] 胡锦涛.胡锦涛文选[M].北京:人民出版社,2016.

[12] 习近平.习近平谈治国理政:第二卷[M].北京:外文出版

社,2017.

[13] 中共中央宣传部.习近平总书记系列重要讲话读本[M].北京：人民出版社,2016.

[14] 陈宝生.全面贯彻党的教育方针　大力加强新时代劳动教育[N].人民日报,2020－3－30.

[15] 习近平.决胜全面建成小康社会　夺取新时代中国特色社会主义伟大胜利：在中国共产党第十九次全国代表大会上的报告[N].人民日报,2017－10－28.

[16] 习近平.在庆祝"五一"国际劳动节暨表彰全国劳动模范和先进工作者大会上的讲话[N].人民日报,2015－4－29.

[17] 习近平.在知识分子、劳动模范、青年代表座谈会上的讲话[N].人民日报,2016－4－30.

[18] 习近平.在同全国劳动模范代表座谈时的讲话[N].人民日报,2013－4－29.

[19] 习近平.给中国劳动关系学院劳模本科班学员的回信[N].人民日报,2018－5－1.

[20] 何东昌.中华人民共和国重要教育文献(1949—1975)[M].海口：海南出版社,1998.

[21] 何东昌.中华人民共和国重要教育文献(1976—1990)[M].海口：海南出版社,1998.

[22] 何东昌.中华人民共和国重要教育文献(1991—1997)[M].海口：海南出版社,1998.

[23] 何东昌.中华人民共和国重要教育文献(1998—2002)[M].海口：海南出版社,2003.

[24] 成有信.教育与生产劳动相结合问题新探索[M].长沙：湖南教育出版社,1998.

[25] 刘世峰.中国教劳结合研究[M].北京：教育科学出版社,1996.

[26] 王卫国.建国以来教育同生产劳动相结合法规文献汇编[M].北京：教育科学出版社,1995.

[27] 教育大辞典编纂委员会.教育大辞典：第3卷[M].上海：上海教育出版社,1991.

[28] 苏霍姆林斯基.给教师的一百条建议[M].周渠,王义高,等译.天津：天津人民出版社,1981.

[29] 陶行知.中国教育改造[M].合肥：安徽人民出版社,2019.

[30] 中国劳动关系学院劳动教育中心.劳动教育评论：第1—2辑[M].北京：社会科学文献出版社,2020.

[31] 苏霍姆林斯基.苏霍姆林斯基论劳动教育[M].萧勇,杜殿坤,译.北京：教育科学出版社,2019.

[32] 刘向兵,等.新时代高校劳动教育论纲[M].北京：社会科学文献出版社,2019.

[33] 李珂.嬗变与审视：劳动教育的历史逻辑与现实重构[M].北京：社会科学文献出版社,2019.

[34] 陈秋明.大学生志愿服务理论与实践[M].北京：商务印书馆,2018.

[35] 中国法制出版社.劳动法律工具箱：法律条文·流程图表·案例要旨·文书应用[M].3版.北京：中国法制出版社,2015.

[36] 刘晓东.大学生社会实践理论与实务[M].北京：高等教育出版社,2014.

[37] 贾俊玲.劳动法与社会保障法学[M].2版.北京：中国劳动社会保障出版社,2012.

[38] 常凯.劳动关系学[M].北京：中国劳动社会保障出版社,2005.

[39] 汤素娥,柳礼泉.高校劳动教育课程化的价值意蕴与实践方略[J].思想理论教育导刊,2021(1).

[40] 刘向兵.用劳模精神、劳动精神、工匠精神凝聚新征程奋斗力

量[J].红旗文稿,2021(1).

[41] 顾建军.加快建构新时代劳动素养评价体系[J].人民教育,2020(8).

[42] 罗建文,李爱军.劳动教育厚植美好生活内涵的文化基因[J].湖南科技大学学报(社会科学版),2020.23(5).

[43] 上官苗苗.新时代劳动精神探析[J].广西社会科学,2020(7).

[44] 刘丽红,曲霞.论高校创新创业教育与劳动教育的同构同生[J].中国青年社会科学,2020.39(1).

[45] 陈好敏.熊建生.新时代劳动精神的价值意蕴[J].学校党建与思想教育,2020(8).

[46] 孟国忠.高校劳动教育价值实现的机理研究[J].学校党建与思想教育,2019(14).

[47] 郭长义.人的全面发展视域下的新时代高校劳动教育研究[J].辽宁大学学报(哲学社会科学版),2019,47(4).

[48] 徐海娇.重构劳动教育的价值空间[J].中国教育学刊,2019(6).

[49] 刘次林.劳动作为一种素养[J].教育发展研究,2019,38(10).

[50] 曲霞.刘向兵.新时代高校劳动教育的内涵辨析与体系建构[J].中国高教研究,2019(2).

[51] 檀传宝.劳动教育的概念理解:如何认识劳动教育概念的基本内涵与基本特征[J].中国教育学刊,2019(2).

[52] 班建武."新"劳动教育的内涵特征与实践路径[J].教育研究,2019,40(1).

[53] 张红霞.论大学生志愿服务的育人功能及实现路径[J].思想理论教育导刊,2019(1).

[54] 胡君进,檀传宝.劳动、劳动集体与劳动教育:重思马卡连

柯、苏霍姆林斯基劳动教育思想的内容与特点[J].国家教育行政学院学报,2018(12).

[55] 刘向兵.新时代高校劳动教育的新内涵与新要求:基于习近平关于劳动的重要论述的探析[J].中国高教研究,2018(11).

[56] 李珂,曲霞.1949 年以来劳动教育在党的教育方针中的历史演变与省思[J].教育学报,2018,14(5).

[57] 胡君进,檀传宝.马克思主义的劳动价值观与劳动教育观:经典文献的研析[J].教育研究,2018,39(5).

[58] 贺兰英.中国特色社会主义劳动精神的内涵[J].南方论刊,2018(5).

[59] 刘向兵,李珂.论当代大学生劳动情怀的培养[J].教学与研究,2017(4).

[60] 徐长发.劳动教育是人生的第一教育[J].中国农村教育,2015(10).

# 教学资源服务指南

扫描下方二维码，关注微信公众号"高教社极简通识"，学生可学习名校通识课，教师可学习教师培训课程、免费申请课件和样书、观看直播回放等。

## 名校通识课

点击导航栏中的"名校通识"，点击子菜单中的"课程专栏"，即可选择相应课程进行学习。

## 教师培训

点击导航栏中的"教师培训"，点击子菜单中的"培训课程"，即可选择相应课程进行学习。

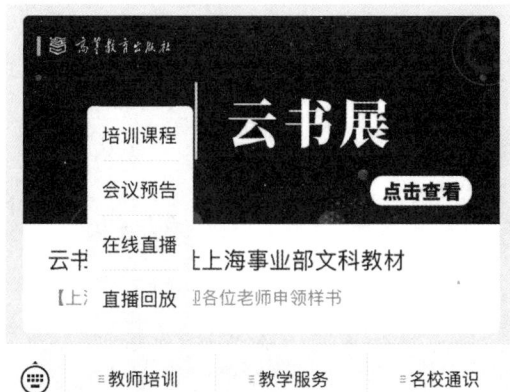

# 教学资源服务指南

## 🎯 课件申请

点击导航栏中的"教学服务"，点击子菜单中的"课件申请"，填写相关信息即可申请课件。

## 🎯 样书申请

点击导航栏中的"教学服务"，点击子菜单中的"免费样书"，填写相关信息即可免费申请样书。

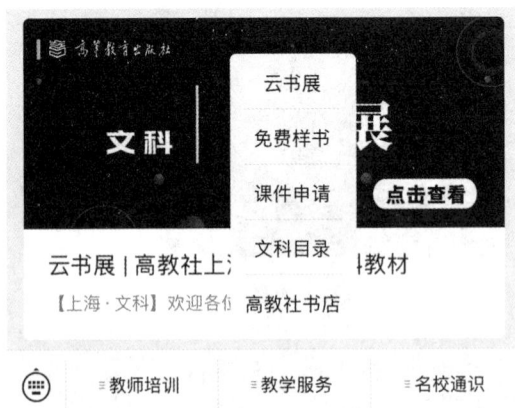